大展好書　好書大展
品嘗好書　冠群可期

序文

人類自有生命以來，即不斷的在探查宇宙真相，所以從無始劫以至於今時，不論是天文科學、醫學藥理、地質礦物、山岳河海、有形無形，皆有莫大突破及發現，所以在心靈或肉體，甚至精神與物質上的講究，與過去作比較，已是天淵之別。

筆者所以投入命理的研究工作，實乃明白天地萬象的變化及進退也是依著一定的軌跡在行進，所以對命理的研究，能讓筆者廢寢忘食，樂此而不疲，其因即在於此。

命運的變化，雖也有一定的範圍，但能影響或改變命理的因素也不少，所以同樣的命，未必有同樣的運，因為人的不同及心的不同，思想不同，行為不同，所以雖有同樣的命，卻未必會有同樣的運及經歷。也正因為人的不同及心的不同，思想不同，行為不同，其結果，自然也就大大不同了。

人間有很多人事物，看起來似乎是應該要這樣的，卻不一定是這樣，也有很多的人事物，做出來的結果，應該是要這樣的，但其結果，也未必一定是這樣的，這並不是您的看法或做法及想法錯了，這或許是因為現實與理想有一段很長的差距，故而左右了，或是改變了許多現狀。

時空的轉移，景物變遷，這是大家最不願看到的，滄海桑田，這也是莫可奈何，所以我們的心，只好隨順環境而走，但最重要的是我們的心，萬萬不可被環境所吞沒，才能活得真實，活得自在快樂，也才不會因外在環境的改變而感到驚慌和怖畏，是故，吾人必須明白，這畢竟才是宇宙的真相。

星海釣叟

書於台北寓所

電話：〇九一二二六〇三九六

目錄

一、子息

子女後代興衰旺弱，所代表的意義即是吾輩生命香火的延續與否？所謂枝葉茂盛者，其根必固也。子孫榮昌者，祖德必豐。若枝枯葉落者，其根必焦矣，若子孫稀竭者，必祖德破敗矣！

是故，子孫後代的香火可否延續或茂盛榮昌，其重責大任就落在吾輩肩膀之上了，所以，吾輩除了要承受祖輩餘德的庇蔭，有時也要背負延續後代興衰的艱鉅使命。如果我輩所承受的不是祖德餘蔭，而是祖輩餘罪的禍害，則其處境必將更為艱難。

但不管如何，吾輩均應有責任一肩挑起，因為這是不可逃避的宿命，所以，必須勇敢面對。

書云：子女根枝一世傳，喜神看與殺相連。

看子星，以官殺為用，故以官殺為子也。凡八字曰主為我自身，其餘七字，為環境週遭所有人也。用神者，乃與我最有密切者，亦為我所依託之人也。而週遭之人與我最密切者，莫過子女，故從用神看子女，於理最為適當，以用為子，除看官殺，更須配合子女宮位，子女宮位，生時是也。曰之衰弱，用神旺而無制，大都無子，日之旺，而用神弱，生時又尅制用神，亦為無子之象。用神補助日主，子賢而能，洩弱日主，愚而不肖，譬如火土傷官，需要官煞調候，而時透官殺，必大得子之助力也。

總言歸納子平論子女之法，大約有幾下幾點：

㈠、原局食傷為喜神，卻不見食傷，但若恰有比劫為喜神無混雜，則以生食傷之比劫計算子女，若食傷、比劫皆不見者，無子女。

㈡、食傷雖為喜神，但原局有旺印之尅，則以財星制印來計算子女，原局不見財星或者財星混亂而無制者，無子女。

㈢、若原局食傷混雜且為忌神，則以印星計算子女，如印星又混雜無財星去留者，無子女。

㈣、原局食傷混雜，以財星洩食傷，財星又混雜，無比劫以去留者無子。又或以財星洩食傷，而財逢比劫破者，亦無子。

㈤、食傷混雜以財星去留，財星又帶忌者，如有官殺恰為喜神者，以官殺計算子女，若不見官殺，或官殺帶忌者，無子女。

此乃五行流通之法，是故必須先明瞭原局格用喜忌，引化計算，若不知格用喜忌，則算出恐有錯，故吾輩研究命理者不可不知此法。

坤造命：

八字—

戊寅	甲寅	甲午	庚午

10 癸丑	20 壬子	30 辛亥	40 庚戌	50 己酉	60 戊申	70 丁未

此造：

甲木日元生於雨水後十一日，甲木司令。身強支遇寅午會出丙火，旺火則木焦，局中不見明水潤身，唯取年上戊土洩火，但戊土逢月干甲木剋破。

此造幸時干庚金高透剋制甲木而救戊土，但可惜庚金七殺自坐午火之上，救應不足。

書云：「時帶傷官，子孫無傳。」這是指傷官為忌而言。又云：「傷官封財有子。」是以此造本應無子，但因局中有救應，故此命主生兩子。但至大運走到庚戌，流年壬戌45歲那年，因地支會成寅午戌三合火局，更有壬水洩庚金生甲木去制戊土，故兩子皆發生車禍而亡。

此造所以先得子而後再損子，其原因如下：

㈠、原局火勢太過燥熱，無滴水調候，雖取戊土偏財洩寅午所會出之丙火，但可惜戊土偏遇月干用木比肩尅破。

㈡、取時干庚金尅制甲木以救戊土，但因庚金自坐午火，而且寅午會出之丙火亦尅之，故救應之神皆敗，是以為無子之造。

乾造命：

八字—

戊申
丙辰
癸巳
甲寅

10 丁巳
20 戊午
20 己未
40 庚申
50 辛酉
60 壬戌
70 癸亥

此造：

癸水日元生於清明後三日，乙木司令。食神洩秀，可惜時柱落甲寅，形成甲乙相混之局，只好以丙火正財洩甲木傷官為格，再以丙火生戊土，而戊土再生申中庚金為用。

但申逢辰合，形成貪合忘生之局。而且日支與時支之寅巳相刑，妻與子位皆傷，況時支寅為用神申金之絕位，更甚者年柱與時柱干支互沖故無子。

㈠、此造所以無子為妻宮與子位相刑尅。

㈡、食傷相混，取丙火洩甲木為格，但巳寅刑，則巳中丙火與寅中用木皆傷。

㈢、取年支申中庚金為用，但申與辰合入庫中，而且申也與巳及寅刑。

㈣、走己未大運時，己土又合留甲木混雜乙木。

㈤、走庚申大運時，庚金用神被丙火尅制，而地支申又與命局形成申巳寅三刑，如此格局焉能得子。

乾造命：

八字——

年	月	日	時
壬子	己酉	甲辰	丁卯

3	13	23	33	43	53	63
庚戌	辛亥	壬子	癸丑	甲寅	乙卯	丙辰

此造：

甲木日元生於秋分後九日，辛金司令。正官當權。日元通根時支卯木，年柱壬子又生扶元神，正官酉金被偏印子中癸水所轉化再生扶日元，水多木腐，月干己土雖坐酉金長生，但土被金洩，水多則土濕，而日支辰土也被酉金合走，甚被卯木穿破，全賴時干丁火相助，但大運皆走水地，真是屋漏又逢連夜雨，故此命主無妻亦無子。

此造所以無子：

一、子息

㈠、己土正財與日主合而不化，又被旺酉所洩。

㈡、走壬子大運時，壬水與丁火合，用神被牽制，而且子與卯又刑。

㈢、走癸丑大運時，癸水去丁火，丑支與酉金會出丙火與丁火相混，而且酉又破能生丁火之卯木，而此格局得子難矣。

乾造命：夫

八字——

庚戌
己丑
丙午
己丑

5 庚寅
15 辛卯
25 壬辰
35 癸巳
45 甲午
55 乙未
65 丙申

此造：

丙火日元生於大寒之日，己土司令。支見丑戌刑，午丑破之格局。

全局當以戊土洩丙火生庚金為格，次以日支丁火為用，因此造自坐午火而且通根於年支戌庫，故不可論從。此造於大運癸巳，流年丁亥娶一越南新娘為妻，至今將近三年，未得一子半女。

此造何以結婚多年未得子：

㈠、日支與時支為午丑相破害。

㈡、用神無力，又無生扶之機。

㈢、走癸巳大運時，癸水遇己土剋破，失潤澤之功，而丑支與巳火會出庚金，更洩弱元神之力。

㈣、走甲午大運時，甲木用神被庚金剋破，欲得子更難矣。

坤造命：妻

八字——

壬戌	癸丑	丁酉	壬子

2	12	22	32	42	52	62
壬子	辛亥	庚戌	己酉	戊申	丁未	丙午

此造：

丁火日元生於小寒後三日，癸水司令。局中不見甲乙木相生，當以從格論之。此造癸水當旺，當以戌中戊土制壬水為格，以日支酉金洩巳土生癸水為用。然酉支與子水相破害。故夫宮及子位有傷。

此造走庚戌大運之丁亥流年，支全亥子丑北方水局而結婚，但多年未得子。

此造所以無子：

㈠、全局太寒濕，失調候之功。

㈡、夫宮與子位相傷。

㈢、食傷混雜又無去留，並且相互刑傷。

此造命局太寒濕，其夫上造命卻太過燥熱，乃是造成兩造多年婚姻，卻未得子的原因。

乾造命：

八字——

癸卯
丙辰
甲寅
乙亥

乙卯　甲寅　癸丑　壬子　辛亥　庚戌　乙酉

此造：

甲木日元生於季春辰月，支成寅卯辰東方木局，身強喜洩，喜其月干丙火高透，卻不幸被年干癸緊貼相尅，月支辰土偏財又隨會合而化，甲木及乙木混雜，用丙火洩甲無力，故命主於甲寅及乙卯運尚可化水生火，安然無災，待運轉壬子及癸丑，印尅食神，先尅子，後自縊身亡。看來喜用有傷，或喜用被合入庫者，子女易有凶禍。此造乙木為格，以丙火為用，用神傷，故喪子。

乾造命：

八字——

甲辰
丁卯
甲寅
巳己

11 戊辰
21 己巳
31 庚午
41 辛未
51 壬申
61 癸酉
71 甲戌

此造：

甲木日元生於驚蟄後一日，甲木司令。支全寅卯辰東方木局。身強喜尅喜洩，取丁火洩卯木生己土為格。取巳中丙火洩甲木生戊土為用。可惜日支寅與時支巳相刑，木火皆傷，而年支辰土又被卯木穿破。子位有刑傷，故命主雖於己巳大運結婚，行庚午運時，七殺得用，雖丁火尅，但有己土護金，故力爭上游位至國小校長，但遺憾的是只生三女而無子。

乾造命：

八字——

丁未　癸丑　甲辰　甲戌

壬子　辛亥　庚戌　己酉　戊申　丁未　丙午

此造：

甲木日生於冬丑月，地支辰戌丑未，四庫全沖，幸時干透甲木幫身疏土，年干丁火又洩木生土，幸好有月干癸水制丁火而生甲木，但因時日支辰逢戌沖，妻宮及子位受傷，故命主於行庚戌大運與日柱天沖地尅，而且庚金又尅甲木用神，故刑妻又尅子，至戊申大運，敗盡家產，無子而亡，運支申金為時干甲木絕地，用神被尅而招凶禍也。

乾造命：

八字——

己亥　丙子　乙丑　壬午

乙亥　甲戌　癸酉　壬申　辛未　庚午　己巳

此造：

乙木日元生於冬子月，支全亥子丑北方水局，寒木喜向陽，月干透出丙火本冬陽暖身，但時干壬水傷丙火，雖時支午火可用，亦被旺水所破，年干己土虛透，水多土盪，起不了作用，大運走至癸酉及壬申，形成壬癸更加混雜不清，更增添格局陰濕之氣，故命主至此一貧如洗，尅妻又無子，身歿於壬申大運。

此造所以尅妻無子為妻宮及子位丑午相互破害之故。

乾造命：

八字——

甲戌
戊辰
己酉
丁卯

10 己巳
20 庚午
30 辛未
40 壬申
50 癸酉
60 甲戌
70 乙亥

此造：

己土日元生季春，清明後三日，乙木司令。年月辰戌沖，日時卯酉沖，時干透丁火，火土旺，取年干甲木疏土，可惜木無水生，用神無力，退而取日支酉中辛金洩土為用，可惜酉與卯沖，而且又被丁火所制。用酉金則用神破矣。然因此造用甲木可疏土，故大運行至壬申及癸酉時，官位至中將，但因日時支沖，子息宮受損，至老無子，此命造為軍閥大帥吳佩孚將軍之造。

乾造命：

八字──

戊戌
己未
辛丑
壬辰

6 庚申
16 辛酉
26 壬戌
36 癸亥
46 甲子
56 乙丑
66 丙寅

此造：

辛金日元生於大暑日，己土司令。偏印當權，地支戌未丑辰，四庫全且刑破，土多金埋，雖時干透壬水傷官，但書云：「時帶傷官，子孫無傳。」尚且日時支見辰丑破害，子息難全。

此造雖有壬水洩秀，卻被年月干戊己土所破，又不見木來疏旺土，則土多必塞，雖行運皆走金水，但水遇土則尅，故此命主亦無子。

乾造命：

八字——

戊辰　壬戌　辛未　己丑

癸亥　甲子　乙丑　丙寅　丁卯　戊辰　己巳

此造：

辛金日元生於九秋戌月，地支辰戌未丑四庫全刑沖，天天又透戊己土，全局與上造雷同，為土多埋金之象。雖月透壬水，無奈被年干戊土剋破，水遇土塞，無木來疏旺土，更兼日時支沖，子息必損。雖大運走甲乙可得子，但運行丙寅及丁卯更加重火土之力，故此於運中刑妻剋子。

乾造命：

八字——

癸亥
甲子
壬申
庚子

7	17	27	37	47	57	67
癸亥	壬戌	辛酉	庚申	己未	戊午	丁巳

此造：

壬水生於冬至後二日，癸水司令。全局金冷水寒，雖月干透甲木，除凍木不能洩水，又被時干庚金所剋。用神有傷。

此造為金水潤下格。

故大運只能隨順而走，因甲木用神被庚金所傷，應無子。但因大運隨勢而走，身強得洩，故得三子，但大運走至己未三子皆剋，至戌運刑耗多端身亡，此因土逆水勢之故而歿。

乾造命：

八字——

己丑　戊辰　癸未　癸丑

丁卯　丙寅　乙丑　甲子　癸亥　壬戌　辛酉

此造：

癸水日元生於季春之辰土月，年月日時地支見辰丑破，丑未沖，況干頭又透戊己土，身弱可知，雖時透癸水，卻被年月之戊己土破，僅賴時支丑土濕金作用，亦被未土沖破，子息宮位受損，雖有若無。大運至乙丑，得乙木疏土，得一子但為智障，交甲子運，漸入佳境，衣食無慮。

坤造命：

八字——

辛亥
辛卯
辛亥
辛卯

4 壬辰
14 癸巳
24 甲午
34 乙未
44 丙申
54 丁酉
64 戊戌

此造：

辛金日元生於春分後六日，甲木司令。偏財當權，地支亥卯合會出甲木，財旺而身弱，雖天干四辛一氣，但日元無根而氣虛浮，運喜火土，大運走癸巳，則巳火逢亥沖，走甲午運，則午火逢卯木破，逢乙未運，則乙逢辛尅，未與亥卯合入庫中，喜用皆傷，故命主結婚至今，依然未生一男半女。

命主無子，其主因在命局太過寒凝之故。而且甲乙木，正偏財太過混雜不清。

坤造命：

八字—

辛未　癸巳　己卯　戊辰

6甲午　16乙未　26丙申　36丁酉　46戊戌　56己亥　66庚子

此造：

己土日元生於小滿後二日，丙火司令。年月巳未暗夾午火，身強火土旺，喜剋喜洩。日支卯中乙木，七殺可為一用，但年上辛金剋之，幸有月干癸水出而救之，但癸遇戊土阻撓，且癸又與戊合，忘生貪合，生木無功，自顧不暇，故只能以年上辛金洩土生水為用，較為可惜的是雖有財，但日與時，卯辰相穿破，故富而無子。

坤造命：

八字——

癸巳
乙卯
己卯
庚午

3	丙辰
13	丁巳
23	戊午
33	己未
43	庚申
53	辛酉
63	壬戌

此造：

己土日元生於春分後八日，甲木當令。正官司權，官殺混雜，官殺旺而身弱用印化殺，為殺印相生，但此造正偏印混雜，取癸水去丁火為格，用巳中丙為用。但既用印就不喜再見食傷制殺，如此形成傷官見官，若要用傷官生財，則庚金自坐午火，其力不足生財，況年干癸水會洩金生木尅土，而且癸水也會尅火，尚且此造時支午又與日支卯木相破，故此命主與人同居而無子。

坤造命：

八字—

甲寅	己巳	戊午	乙卯

4	14	24	34	44	54	64
戊辰	丁卯	丙寅	乙丑	甲子	癸亥	壬戌

此造：

戊土日元生於立夏後十一日，庚金司令。食神洩秀，然此造甲乙官殺混雜取巳中丙火洩甲木生戊土為格。取巳中庚金為用。可惜寅與巳刑，庚金食神受傷，用之無力。

而日支午火與時支卯木又相破害，故結婚多年只生一女，而且走乙丑大運時，丑與夫宮午火又相穿害，故以離婚收場。

坤造命：

八字——

戊申
庚申
己未
丙戌

4 己未
14 戊午
24 丁巳
34 丙辰
44 乙卯
54 甲寅
64 癸丑

此造：

己土日元生於立秋後十日，戊土司令。戊己土混雜，專取庚金洩戊土以取清，但庚金逢丙火而尅，庚金傷官傷矣，若以傷官為子息，則子息星有損，必賴財星以破印，可惜局中不見滴水，唯取申中壬水為用，但壬水亦為戊土所制，再觀日時支見未戌相刑害，子息宮位有傷，故命主只得一女而未得子，而且夫星未現，夫宮又傷，是以命主大運走至丙申，流年己丑夫亦歿矣。

乾造命：

八字—

丙子
戊戌
辛巳
癸巳

5	15	25	35	45	55	65
己亥	庚子	辛丑	壬寅	癸卯	甲辰	乙巳

此造：

辛金日元生於霜降後三日，戊土司令。三火生土，土多金埋，幸時上透出癸水且通根氣於年支子水，故命主於連生四女後得一子。

此造所以能生四女後得一子，因癸水有微根之故，且時支巳火又為癸水胎位及庚金之長生，否則焉能得子。

乾造命：

八字——

己卯
丙寅
壬午
己酉

4 乙丑
14 甲子
24 癸亥
34 壬戌
44 辛酉
54 庚申
64 己未

此造：

壬水日元生於立春後九日，丙火司令。月日支見寅午會出丙火，財旺身弱，必取時支酉金為用，但酉金被午火所破，幸午會寅木而去，故此命主於連生七女後，終得一子。

此造所以能連生七女後，而得一子，除了時支坐酉金，而己土洩火輔金，亦功不可沒，最重要是大運連走辛酉及庚申兩運之故。

坤造命：

八字——

時	日	月	年
壬辰	辛酉	甲子	癸酉

6	16	26	36	46	56	66
乙丑	丙寅	丁卯	戊辰	己巳	庚午	辛未

此造：

辛金日元生於冬至前一日，壬水司令。局中壬癸混局，以癸水為格，以甲木洩壬水為用，但命局太過陰濕，不見火來調候，而時支辰中戊土，又被甲木所傷，故此命主雖聰明美麗，不但夫緣薄亦無子。

乾造命：

八字——

年	月	日	時
壬子	己酉	己酉	壬申

4	14	24	34	44	54	64
庚戌	辛亥	壬子	癸丑	甲寅	乙卯	丙辰

此造：

己土日元生於秋分後七日，辛金司令。局中有申酉並見，為庚辛金混雜，更見壬癸水亦混雜，金水無去留，縱大運走甲寅及乙卯亦無用，因木被旺金所剋。故連生五女而無子。

此造格局雖美，但偏於寒濕，凡命局太熱，太寒濕者易無子。

坤造命：

八字——

乙未	丙戌	乙卯	乙酉

7	17	27	37	47	57	67
丁亥	戊子	己丑	庚寅	辛卯	壬辰	癸巳

此造：

乙木日元生於霜降前三日，丁火司令。局中見丙丁火混雜。用未中丁火洩乙木為格，用癸水為用神，所謂「身弱印作兒」。可惜局中無水，而且日支與時支又見卯酉沖，故此造亦無子。

乾造命：夫

八字——

庚	癸	己	壬
寅	未	巳	申

2	12	22	32	42	52	62
甲	乙	丙	丁	戊	己	庚
申	酉	戌	亥	子	丑	寅

此造：

己土日元生於大暑後十日，己土司令。干透庚癸壬，金水洩氣太重，以癸水為格，以庚金洩土生壬水，壬水生甲木，甲木又生丙火，丙火生己土為用神。然日支巳火與時支申金相刑尅，子息宮位受損，大運行丙戌，丙火逢水尅，戌與月支未土相刑，大運走丁亥，丁火逢癸水沖，亥水又與巳火沖，用神受傷嚴重，故只生女而不生男。

坤造命：妻

八字——

辛卯
辛丑
壬申
壬寅

3 壬寅
13 癸卯
23 甲辰
33 乙巳
43 丙午
53 丁未
63 戊申

此造：

壬水日元生於大寒後六日，己土司令。全局庚辛金混雜，以丑中己土生辛金為格，以壬水洩申中庚金生寅中甲木為用。但寅木見申金刑尅，子息宮受傷故夫妻兩人，只生二女而無子，皆因子女宮位及用神受傷之故。

乾造命：夫

八字——

庚寅
甲申
丙戌
庚寅

7 乙酉
17 丙戌
27 丁亥
37 戊子
47 己丑
57 庚寅
67 辛卯

此造：

丙火日元生於立秋後十一日，壬水司令。日主雖自坐戌土火庫，尚且與時支寅木會出丙火，但觀全局，財殺兩旺，身弱必以印化殺，可惜木被旺金所尅，唯賴申中壬水以救之，可惜申寅一沖，壬水受傷，況時干庚金又尅下時支寅木，故此命主，得二女並無生男。

坤造命：妻

八字──

辛卯
己亥
己巳
癸酉

5 庚子
15 辛丑
25 壬寅
35 癸卯
45 甲辰
55 乙巳
65 丙午

此造：

巳土日元生於小雪後二日，壬水司令。審視全局金水陰寒，必以日支巳中丙火為用，可惜巳逢酉合又逢亥沖，用神無力，故此夫妻於壬寅大運之丁巳流年結婚，於戊午年生一女，又於庚申年再生一女，而無子。

乾造命：

八字——

己丑
辛未
甲子
辛未

9 庚午
19 己巳
29 戊辰
39 丁卯
49 丙寅
59 乙丑
69 甲子

此造：

甲木日元生於大暑後十日，己土司令。年月丑未沖，月日未子穿破，日時亦未子穿破。全局財官兩旺，最喜日支坐下子水正印生身。但可惜子水被兩未土左右夾穿，印星破矣。

故此命主大運行至戊辰，子與辰合入庫中而不能生身，而流年又適逢己未，31歲三未穿子，故發生車禍身亡。上造用神被沖又被合只殘，此造用神無救故夭亡。

坤造命：

八字──

庚寅
丁亥
甲戌
壬申

10丙戌
20乙酉
30甲申
40癸未
50壬午
60辛巳
70庚辰

此造：

甲木日元生於小雪後十二日，壬水司令。年月支寅亥合，申戌拱夾酉金，年上更透庚金，殺重身輕，雖時透壬水偏印，縱殺印相生亦不為貴，因冬木不必再有水來生，唯取月干丁火調候為用，甲庚丁本可取貴，但丁火遇壬水則尅合，火失調候之功，故命主於三歲時，流年遇壬辰，壬水尅合丁火，而且辰又與日支戌沖，火根傷，故於是年患小兒痲痺之症。

坤造命：

八字——

丙申	癸亥	甲辰	康午

2	12	22	32	42	52	62
甲子	乙丑	丙寅	丁卯	戊辰	己巳	庚午

此造：

甲木日元生於小雪後十一日，壬水司令。水寒木凍，喜年上丙火照暖，可惜被司令壬水所傷，尚幸有時支午火助丙，但命主於二歲丁酉流年時，午中丁火出干被癸水尅破，酉又與局中亥辰午形成四煞局，故於是年命主患小兒麻痺，此造雖丙火有傷，幸時中午火不滅，故只殘而不夭。

乾造命：

八字──

乙	戊	甲	壬
巳	子	辰	申

4	14	24	34	44	54	64
丁	丙	乙	甲	癸	壬	辛
亥	戌	酉	申	未	午	巳

此造：

甲木日元生於大雪後九日，壬水司令。支全申子辰水局，時干又透出壬水，寒木喜向陽，丙火不出干，只好格取年支巳中丙火為用，再取月干戊土止水，可惜巳火逢月支子水緊貼相尅，而月干戊土亦被乙木所傷，水多而土盪，水多反不喜土來激水。故此造命主大運行至甲申被水溺斃。因甲木將戊土尅絕，申金又與巳火相刑穿，更與局中重疊三合，巳火無處可逃，戊土也重傷故夭亡。

乾造命：

八字——

庚辰
丁亥
丙辰
己亥

10戊子
20已丑
30庚寅
40辛卯
50壬辰
60癸已
70甲午

此造：

丙火日元生於立冬後二日，甲木司令。全局尅洩太重，權取亥中甲木為用，但亥辰為羅網，又為四煞，此種格局易有意外，開刀或重症的情況發生。

另因甲木逢庚必被尅，雖局中有丁火欲尅庚救甲，可惜丁火被時干己土所洩，救之不力，故命主在辛卯大運，流年辛酉41歲因意外而被毆打致死，此造甲木被庚尅，乙木又逢酉中辛金沖，甲乙木皆去故夭亡。此造若非甲木司令可論從。

乾造命：

八字──

壬辰
壬子
丙申
癸巳

8 癸丑
18 甲寅
28 乙卯
38 丙辰
48 丁巳
58 戊午
68 己未

此造：

丙火日元生於大雪後九日，壬水司令。七殺司權，地支全申子辰水局，干又透壬癸水，一片金水之象。官殺混雜，雖身弱而官殺旺，但因日祿歸時，所以不能以從格論。

此造又因水火沖激太過，弱不堪扶，而日主因弱而不能從者，行印運反凶，所以大運行至乙卯流年壬戌，因注射毒品而暴斃於旅社之中，何以如此?因卯與戌一合，用神卯木被合入庫中，反不能扶身故凶夭。

乾造命：

八字——

戊申　辛酉　辛亥　癸巳

1 壬戌
11 癸亥
21 甲子
31 乙丑
41 丙寅
51 丁卯
61 戊辰

此造：

辛金日元生於秋分後十五日，辛金司令。建祿最喜財官。時支巳中丙火正官為用，亥中甲木，可洩水生火，可惜亥巳逢沖，喜用皆傷。

大運在癸亥，流年也遇癸亥，可說是四面楚歌、岌岌可危，果然命主在當年因發生車禍而喪生。

用神沖尅太過而無救者，必為夭命之造。

乾造命：

八字——

年	月	日	時
戊午	乙卯	壬午	庚戌

1	11	21	31	41	54	61
丙辰	丁巳	戊午	己未	庚申	辛酉	壬戌

此造：

壬水日元生於清明當日，因亥時才交換季節，而此造是戌時生，故還是二月節氣生。此造乙木司令，食神洩秀當權，日時午戌會出丙火，但年月午卯破，雖日主自坐午火被熬乾，本當論從，但時透庚金生扶，卻是金水虛浮無根，年干戊土雖可洩火生金，但戊土亦被旺木所尅，而且燥土也不能洩火生金，所以走戊午大運及戊子流年病亡。

乾造命：

八字——

庚戌
戊子
壬戌
甲辰

5 己丑
15 庚寅
25 辛卯
35 壬辰
45 癸巳
55 甲午
65 乙未

此造：

壬水日元生於冬至當日，癸水司令。羊刃當權，日時支見辰戌沖，月干又透戊土，通根在年支戌土，雖土旺但年干有庚金偏印化殺，又有時干甲木食神制殺，故殺不足畏，然冬水無火不暖，故命取木來生火為用，但火藏於戌庫之中，戌又逢沖，已埋下禍因。至大運行癸巳，流年丙申，支成申子辰三合水局，巳申刑合，丙遇癸水尅，喜用皆傷故病亡。

乾造命：

八字──

丁	辛	癸	癸
酉	亥	巳	丑

4	14	24	34	44	54	64
庚	己	戊	丁	丙	乙	甲
戌	酉	申	未	午	巳	辰

此造：

癸水日元生於立冬後九日，甲木司令。傷官司權，此造金水旺象，專取年上丁火調候，司令甲木真神得用。可惜丁火虛浮，雖通根日支巳火，但巳遇亥沖，支全巳酉丑金局金水陰寒，取亥中甲木為用，遇亥水及巳火沖尅，甲木及丙火皆傷。故命主行運至己酉，酉與巳丑填實，巳中丙火化為無形，流年己未，己土又洩去丁火，且己未更與時柱沖尅，本來巳丑合而解亥巳沖，今因丑未相沖，而使亥巳之沖更為嚴重，故於是年因火藥爆炸而身亡。

運，正在走甲戌，而流年癸未，除了與年支未土重疊刑尅之外，未土又將子水再度穿破，實為不妙。

而當筆者為其論命時間是在癸未年農曆七月，故筆者對命主及其母親言，命主在農曆九月及十二月須防重大意外傷害。然而是否命運真該如此，命主終在癸未年農曆九月，因外出作鐵工時，不慎從二樓的工作場所墜下，摔成重傷，造成瞳孔放大因昏迷而在林口長庚開刀，後轉榮總，再轉新光，如今已變成如孩童般智力的人了。

其後命主打電話給筆者，除肯定筆者，也感嘆命運的可怕。幸好命主後運尚佳，及時支子水用神無傷，才能有活命的機會，否則其後果，不想可知。

筆者再舉一例與同好共同吟味，使能更明白，行運或流年沖用神，對人所造成的殺傷力有多大。

乾造命：

八字—

戊	庚	癸	丙
戌	申	亥	辰

9	19	29	39	49	59	69
辛	壬	癸	甲	乙	丙	丁
酉	戌	亥	子	丑	寅	卯

此造：

癸水日元，生於立秋後六日，壬水司令。羊刃司權。年月支戌與申暗拱酉金。月日支申亥相互穿破，日時辰亥煞局，種種組合皆不利命主。此造官印比一氣相連，時干丙火正財虛透，唯取亥中甲木一用，但亥逢申穿破，甲木用神受傷，丙火又被旺土所洩，可謂身旺財無依，無奈大運復行壬戌，沖去時柱丙辰，丙火被壬水一尅，用神危矣！幸丁火藏於年支戌土之中，或可保有一

少校飛行員。28歲流年乙亥因屢建戰功升任為第四驅逐大隊的大隊長。30歲大運辛酉，流年丁丑，因大運與時柱乙卯相沖剋，而於筧橋一役，以六比一擊敗日機，卻也因飛機中彈而被炸成仁。

此造亦是行運沖用神招凶禍的實例。

而此造何以早夭而非殘？因大運行辛酉，則酉與年支申金及日支戌土形成三會金局，則申金隨會局而去，申中壬水失去作用之故。

坤造命：

八字——

戊申　壬戌　己卯　丁卯

10辛酉　20庚申　30己未　40戊午　50丁巳　60丙辰　70乙卯

此造：

己土日元，生於立冬前二日，戊土司令。火土不弱，然日主自坐卯木病地，而且年月支申戌暗拱酉金，年干戊土看似欲制月干壬水，但戊土坐申金，其力被申金洩去，無力制壬水，況戌土又被卯合住，只能以時干丁火，洩卯中乙木生己土日元為用。而以申中庚金洩戊土生壬水為格。

元神弱故命主自幼體弱多病，大運走至庚申，流年癸酉，地支形戌申酉戌酉方金局，且流年又與時柱丁卯沖尅，故於是年因免疾系統失調而病歿。

是故命局中有行運沖用神的情況時，極易發生不測之災。

乾造命：

八字——

庚辰
丁亥
丙辰
己亥

10 戊子
20 己丑
30 庚寅
40 辛卯
50 壬辰
60 癸巳
70 甲午

此造：

丙火日元，生於立冬後二日，甲木司令。月干雖透丁火，可惜被時干己土洩去，故此造，以己土洩丁火為格，以亥中甲木洩壬水生丙火為用。可惜甲木不出，而且甲木被年干庚金尅破，故命主大運行至辛卯，辛與庚混雜，又流年走至辛酉，庚辛更為混雜，而地支卯木本欲與亥水相合，卻被酉金沖破，故於該年底在路邊洗車準備元旦遠遊，卻為小事誤會被路人一拳打昏而致死。

乾造命：

八字──

庚	己	乙	甲
寅	丑	亥	申

1	11	21	31	41	51	61
庚	辛	壬	癸	甲	乙	丙
寅	卯	辰	巳	午	未	申

此造：

乙木日元，生於立春前四個時辰，己土司令。財官兩旺，以己土為格。

以亥中壬水洩庚金生甲木，甲木再生寅中丙火為用。

身寒木凍喜向陽。命主於大運行至癸巳而流年至癸亥之年，被公司派出差，卻因坐飛機失事而亡。

此為何因？

因癸巳運之巳與命局寅申形成三刑，而流年癸亥之亥又與巳沖，喜用皆去故也。

四、富者命造

書云：「何知其人富，財神通門戶。」

命局中，各種格局，皆有富貴或貧賤，非必以財為用也。然財氣通門戶者無不富者。

何謂通門戶，財星當令，得氣得地，財星為喜用。若財星太旺而身衰，運至比劫之鄉，亦可致富。

設若財星為喜用，但身太旺，運入食傷之位亦可發身。

乾造命：

八字——

辛卯
戊戌
癸未
丁巳

1 丁酉
11 丙申
21 乙未
31 甲午
41 癸巳
51 壬辰
61 辛卯

此造：

癸水日元，生於寒露後一日，辛金司令。全局火土燥熱，年月支卯戌合，日時支巳未夾午火，時干又透出丁火，看似應以年干辛金生扶日元為用，但辛金虛透，又被時干丁火所剋，若要以月干戊土洩火生辛金，則戊土與日主癸水合，又若以日月支戌土或未合洩火生金則戌未又刑破，故欲以土生金來生水已不可行。

然此造若要論從，雖辛金無根生水無

力，但從亦不可行，然為何命主於大運行至甲地，幾乎倒閉至走投無路。卻又能在大運轉至午位時大發，此因戊土與日主癸水合成化氣格之故。

是以大運走至甲地，因甲木破戊土，化氣格破，是以幾至破產，待運至午位時大發數仟萬，因午與戌合，又與年月支巳未會戌火局，助旺化神之故。

乾造命：

八字——

辛巳
己亥
丙寅
己亥

3戊戌
13丁酉
23丙申
33乙未
43甲午
53癸巳
63壬辰

此造：

丙火日元，生於立冬後六日，甲木司令。月時干透己土傷官洩火去生年干辛金正財，月時支雙亥，壬水七殺尅身，幸日元自坐寅木長生，且日時寅亥支合甲木，生扶日元，雖年支巳火被沖，亦無礙其格局，故命主於33歲後交入乙未，甲午大運，事業飛黃騰達，駿發致富。

乾造命：

八字——

年	月	日	時
辛丑	辛丑	戊戌	癸丑

4	14	24	34	44	54	64
庚子	己亥	戊戌	丁酉	丙申	乙未	甲午

此造：

戊土日元，生於於小寒後九日，辛金司令。全局戊己土混，以日支戌中戊土為格，以辛金洩丑中己土為用再生癸水正財，所謂財氣通門戶，此造大運一路行西北金水之地，是為富徵。

此乃香港已故鉅富命造。

乾造命：

八字——

丙午
己亥
己未
己巳

10庚子
20辛丑
30壬寅
40癸卯
50甲辰
60乙巳
70丙午

此造：

己土日元，生於立冬後三日，甲木司令。干透丙火雙己土，地支巳午未全南方火局，格成稼穡。亥中壬水得以潤澤調候之功，娶妻又娶妾，產業數億。

此造其富徵在財星有潤澤之功故富。

但此造命主最後因其妾有外遇，而被活活氣死。

乾造命：

八字——

己未　癸酉　丁亥　己酉

8 壬申
18 辛未
28 庚午
38 己巳
48 戊辰
58 丁卯
68 丙寅

此造：

丁火日元，生於秋後八日，辛金旺令。干透雙己一癸，看似身弱，應當論從，但此造年日支未亥會出甲木生扶日元，其勢難從，況大運一路東南木火之鄉，從小出身富家安享尊榮，乃得印星生扶之力。

此造為億萬港商富豪命格。

乾造命：

八字──

庚申
己丑
丁酉
丁未

1 庚寅
11 辛卯
21 壬辰
31 癸巳
41 甲午
51 乙未
61 丙申

此造：

丁火日元，生於立春前一日，己土掌權。以庚金為格。以時干丁火幫身受洩為喜，再以未中甲木生扶日元為用。

更喜大運一路東南木火之鄉。

此造財富只數仟萬，與上造相比差多了，這是為什麼？因上造日主自坐亥水，亥中藏甲木，且與年支未土會出甲木，而此造時支雖亦有未土，但缺亥水引通財氣，故財氣與上造相形之下，就差多了。

乾造命：

八字——

辛酉	乙未	辛丑	乙未

10 甲午
20 癸巳
30 壬辰
40 辛卯
50 庚寅
60 己丑
70 戊子

此造：

辛金日元，生於立秋前二日，己土旺令。己土旺生扶日元，以年干辛金為格。以丑中癸水洩辛金生乙木為用神。然此造雖出身富家，但乙木偏財逢年干比肩奪去，而日支丑中癸水又逢未中己土尅破，財較難留守，此造在壬辰運大發，其產業有四、五億之多。

此造娶妻亦娶妾一個跑，一個留，只因財星破，妻宮有傷之故。

乾造命：

八字──

辛卯
己亥
己亥
己巳

1 戊戌
11 丁酉
21 丙申
31 乙未
41 甲午
51 癸巳
61 壬辰

此造：

己土日元，生於立冬後一日，甲木司令。年月支卯亥會出甲木尅身，但時落己巳，巳中丙火可以洩甲木而生己土，是以可知元神己土不弱。此造以日支亥中壬水制時支巳中丙火為格。以年上辛金洩己土為用神。此造之財亥中壬水本來亥見亥刑，因年月亥卯合而解刑，故財星有氣，而且日支亥水又沖去時支巳火，使火土不致太過燥熱，財星有氣。其為建築業鉅子。

乾造命：

八字——

庚戌
己丑
戊寅
丙辰

10 庚寅
20 辛卯
30 壬辰
40 癸巳
50 甲午
60 乙未
70 丙申

此造：

戊土日元，生於小寒後二日，癸水司令，財星當令。此造以月干己土為格，以年干庚金洩戊土為用。地支丑戌刑癸水有傷，幸寅戌合解刑，寅辰拱卯，全局尅洩有情，為一億萬富翁命造。

此兩造元神皆土，土厚透金，為石山產玉格，非富則何？

乾造命：

八字——

己	未
甲	戌
丙	申
戊	戌

1	癸酉
11	壬申
21	辛未
31	庚午
41	己巳
51	戊辰
61	丁卯

此造：

丙火日元，生於寒露後二日，辛金司令。年月支未戌刑，日時支申戌拱酉年時干透戊己土，全局氣聚土金，若以甲木扶身，則甲木逢己土合化，故此造以從格論之。以己土為格，以日支申中庚金洩戊土為用。以財為用，其富必然。

此造早年當刑警，名氣不好，未發前即妻有二人。出身不佳，早年很苦，乃白手起家。經營食品工廠，產業有二十多億。

乾造命：

八字——

甲	甲	甲	丁
子	戌	子	卯

10	20	30	40	50	60	70
乙	丙	丁	戊	己	庚	辛
亥	子	丑	寅	卯	辰	巳

此造：

甲子日元，生於寒露後四日，辛金司令。此造以甲木為格。以時支卯木洩子中癸水生時干丁火為用。月支戌藏丁火，亦為丙戌火庫，真神得用，如何不富，交戊寅大運後大發。

坤造命：

八字——

庚辰
癸未
癸亥
戊午

5 壬午
15 辛巳
25 庚辰
35 己卯
45 戊寅
55 丁丑
65 丙子

此造：

癸水日元，生於小暑後十二日，乙木司令。日主自坐亥水，年月干頭透出庚金癸水，元神不弱，最喜月日支未亥會出甲木，甲木洩壬水生午中丁火為格，以年上庚金洩戊土生壬水為用。

於大運行庚辰運時，經營百貨及土地投資，發數仟萬，待運轉己卯大破敗盡。何以有如此轉變，因己土與戊混雜，而於戊午年與夫離婚，而卯木與月日支亥未會出甲木，財太旺而敗。

乾造命：

八字——

丁	壬	戊	甲
未	子	戌	寅

3	13	23	33	43	53	63
辛	庚	己	戊	丁	丙	乙
亥	戌	酉	申	未	午	巳

此造：

戊土日元，生於大雪後七日，壬水司令。財殺太旺，以年支未中己土洩丁火尅子中癸水為格。以日支及時支寅木及戌土會合出丙火為用。但丙火被月干壬水所尅，幸時干透甲木，可以洩壬水生丙火，運至丁未後大發數十億，此造富且有壽。

乾造命：

八字—

己丑
癸酉
癸卯
戊午

1 壬申
11 辛未
21 庚午
31 己巳
41 戊辰
51 丁卯
61 丙寅

此造：

癸水日元，生於白露後二日，庚金司令。以日支酉中辛金洩己土生癸水為格。以日支卯木洩癸水生時支午中丁火為用，此造以午運中大發數仟萬元。

此造若無月干癸水洩去酉中辛金，則酉沖卯木必傷，更喜其時支午中丁火尅辛護卯，雖時干戊土洩丁火，幸司令庚金再洩戊土，使土不能洩火，否則此造敗矣。

坤造命：

八字——

甲午
己巳
乙酉
己卯

8 戊辰
18 丁卯
28 丙寅
38 乙丑
48 甲子
58 癸亥
68 壬戌

此造：

乙木日元，生於小滿後七日，丙火司令。巳酉合，卯酉沖。以甲木生巳中丙火為格，以月干己土洩年支午中丁火生日支酉中辛金去卯中乙木為用神。此造年干雖透甲木幫身，時支得卯木祿神看似身弱，應以印星生扶，但年干甲木遇月干己土逢合而去，而時支卯木逢酉金沖去亦不可用，故此造論從。

於丙寅運壬戌流年結婚，婚後與先生從事消防工程生意，獲利上億。

五、從化

書云：從得真者只論從，從神又有吉和凶

從格有從旺、從強、從氣、從勢之別，而從格中有從強、從旺、從財、從官殺、從兒、化氣六格。

從旺，一行得氣，即是專旺。專旺又有：曲直、潤下、從革、炎上、稼穡、五格是也。這當中又有兩行成象來生我者同於從強。

從氣。日主臨於絕地，本身之氣已絕，所從之神，其氣方張。四柱無印綬生扶，而干透官殺，則從官殺。或天干透食傷，則從財，則為從之真也。

從勢。所從之神，戊方戊局，其勢盛極，四柱無印綬坐扶，而有官殺之尅，或食傷之洩，亦從之真也。如有官殺，更見印綬，則不能言從。

從化。本為一格，如甲己之合，生於四季月，支聚辰戌丑未，則化土。丙辛之合，或戊癸之合，或丁壬之合，或乙庚之合，皆是日干弱無氣，方可從化。若日元有氣則難從矣。

乾造命：

八字──

甲午
丁卯
甲戌
丙寅

6 丙寅
16 乙丑
26 甲子
36 癸亥
46 壬戌
56 辛酉
66 庚申

此造：

甲木日元，生於春分前二日，乙木司令。此造雖有年干甲木，月支卯木及日支寅木幫身，但此造年支午火，月干丁火，時干丙火，更得月日支卯戌合火及日支及時支寅木及戌土會出丙火，全局氣結於火，必以年支及月干丁火洩卯中乙木為格，以時干丙火洩年干甲木為用神，此造乃以兩象成行之格局論之。

故命主行丙寅、乙丑、甲子大運尚可安泰，及交癸亥、壬運後，情勢急轉直下。

乾造命：

八字——

甲寅　丁卯　甲辰　丙寅

戊辰　己巳　庚午　辛未　壬申　癸酉　甲戌

此造：

甲木日元，生於卯月，支全寅卯辰東方木局，以月干丁火洩卯中乙木為格神，以時干丙火洩甲木為用神，格成曲直仁壽格，更喜日支辰中戊土會木局而去，使成木火通明之象。氣勢更為結實，少年科甲，直到壬申大運，沖尅時柱丙寅，用神受傷，降職歸田。

乾造命：

八字——

癸卯　丙辰　甲寅　乙亥

乙卯　甲寅　癸丑　壬子　辛亥　庚戌　己酉

此造：

甲木日元，生於深春，支全寅卯辰東方木局，時干又透乙木，又得年干癸水及時支亥水相助，格成曲直仁壽格，本喜月干丙火高透洩秀，無奈癸水緊貼相尅，行大運甲寅、乙卯時安然無災，及至癸丑、壬子印破食神，凶災連連。

所謂身強食為子。食神被尅、先尅其子，而後自縊而亡。

乾造命：

八字——

丁巳　　丙午
丁未　　乙巳
甲午　　甲辰
丙寅　　癸卯
　　　　壬寅
　　　　辛丑
　　　　庚子

此造：

甲木日元，生於未月，地支巳午未全南方火局，日時地支寅午亦會出丙火，年月時干頭又透出丙丁火，全局火勢太旺，格成從兒。但從格最忌木火從格或火土從格，因木火從格局中無水則木易焦。火土從格無水則土易乾。

此造早行丙午、乙巳、甲辰無事，及至癸卯、壬寅，禍事連連。此因局中無水、行水運反激火旺。

乾造命：

八字——

庚戌　甲戌　甲寅　庚午

乙亥　丙子　丁丑　戊寅　己卯　庚辰　辛巳

此造：

甲木日元，生於深秋，支全寅午戌會成火局，月干甲木又逢庚破，日元無氣，必以從兒論之。甲木即生丙火則庚金無用。而火洩秀，又無水破，靈秀至極。

此造為宋朝大儒朱熹夫子之命造。夫子於18歲丁卯年中舉人，19歲戊辰登進士，38歲丁亥年入翰林。此造取貴，因火有洩，上造禍事多端，為火太烈。

乾造命：

八字——

乙丑
己卯
乙亥
癸未

戊寅
丁丑
丙子
乙亥
甲戌
癸酉
壬申

此造：

乙木日元，逢春而生，支全亥卯未三合木局，年時又透出乙木癸水，更增其真乃成仁壽格。此造以己土為格，以時支未中丁火為用，月干己土本欲洩丁火，幸被年干乙木去之。不失其貴氣。

此造為段祺瑞將軍之造。

段氏以壬子流年出任陸軍總長。然大運在壬申時，權被撤銷下野。

何以下野不在癸酉，何以在壬申，因酉金與丑合入墓，而酉中辛金不能作怪，但壬申運，金得地，破壞木局之貴秀。

乾造命：

八字——

丙子　戊戌　戊辰　己未

己亥　庚子　辛丑　壬寅　癸卯　甲辰　乙巳

此造：

戊土日元，生於九秋，支見戌辰未土，干透丙戊己，氣聚火土，格成稼穡。更喜年支子水潤澤。

貴格已成，官至少保，大運又一路順暢。

乾造命：

八字——

壬子　壬子　丁亥　壬子

癸丑　甲寅　乙卯　丙辰　丁巳　戊午　己未

此造：

丁火日元，生於冬子月，干透三壬支見三子一亥，全局不見木火，從格甚真，此造為從官殺格。

行丁運合壬留癸，行戊運合癸留壬皆為好運，官拜翰林大學士。

乾造命：

八字—

戊戌
丙辰
己巳
己巳

丁巳　戊午　己未　庚申　辛酉　壬戌　癸亥

此造：

己土日元，生於深春，全局三丙三戊兩己土，格成稼穡。

大運一路順暢，成為大富之格，此造所以成富貴，乃受大運之助，若運行東北水木之鄉則反背矣。

乾造命：

八字——

丙	丙	壬	甲
申	申	子	辰

9	19	29	39	49	59	69
丁	戊	己	庚	辛	壬	癸
酉	戌	亥	子	丑	寅	卯

此造：

壬水日元，生於立秋後六日，壬水司令。支全申子辰水局。干透甲丙，出身富家。

可惜行運配合不好，只享現成而已，談不上飛黃騰達。是故好格局也要有好運相助，才有可能成功。

乾造命：

八字——

辛巳
辛丑
庚辰
乙酉

8 庚子
18 己亥
28 戊戌
38 丁酉
48 丙申
58 乙未
68 甲午

此造：

庚金日元，生於小寒後十一日，辛金司令。支全巳酉丑金局，日時支辰酉又合金，年月干透辛金，氣聚於金。勢成從革格。因時干乙木又與日主庚金作合，亦可以化氣格論。

此造出身貧農之家，因年支巳火破格之故，但因行運佳美而成台南富商。若年時支酉丑互換，則出身家境必好。

乾造命：

八字——

丙午　甲午　丙午　甲午

乙未　丙申　丁酉　戊戌　己亥　庚子　辛丑

此造：

丙午日元，生於夏午月、地支四午干透甲木丙火，勢不可逆，格成炎上。此命早行乙未，飽讀詩書，過目不忘，於丙火運登科，申運逆其勢，大病一場差點喪命。大運至丁，仕途連登，酉運多事不順，戊戌大運，順其氣勢，仕途平坦。大運至亥，逆用神之勢，於該運死於軍中。

化與從相似，須化氣之神，乘旺乘令，原來日干，氣勢衰絕，方能相合而化。

書云：化得真者只論化，化神還有幾般話。

符合化氣的條件：

㈠日干弱無氣，四柱尅洩交加，無印比生扶。

㈡日干與月干，或時干與日干作合，如日干甲，月干己或時干己，如月時兩干皆己是爭合，謂之破格。

㈢須天干透出化神及喜神，地支成方成局或地支與化氣相生，才是真化。

另有假化，假化是：

㈠化氣之神有尅洩，而且有救應之神出現。

㈡化氣之神有混雜，有去留之神。

㈢日干原局有氣，有尅洩日干之神。

※但若假化如遇真化之歲運亦能生發富貴。

乾造命：

八字——

戊	己	甲	辛
申	未	申	未

9	19	29	39	49	59	69
庚申	辛酉	壬戌	癸亥	甲子	乙丑	丙寅

此造：

甲木日元，生於小暑後六日，乙木司令。干透戊己辛，支見未申，氣歸土金，而且日月干甲己似亦應作合，但未為甲木之庫，而且又是乙木司令。化氣不成，亦不可作從格論，故當以正格論之。初行庚申、辛酉諸事不順，及至癸亥，甲子亨通。

乾造命：

八字──

庚戌
庚辰
甲申
己巳

1 辛巳
11 壬午
21 癸未
31 甲申
41 乙酉
51 丙戌
61 丁亥

此造：

甲木日元，生於立夏前三日，戊土司令。干透庚己，支見辰戌申巳，日元無氣，應論從格，或作化氣格論。但日月支見申辰會出壬水，水可生木故不可作從格論，也不可作化氣格論。

此命主走癸水運時結婚，流年壬申結婚卻於癸酉流年離婚，因壬水可生甲木故結婚，但酉與局中申戌會金而解申辰之合故離婚。於流年庚寅遇大運甲申尾，交乙酉運再度會金及支戌申巳寅三刑，而因假結婚案而入獄服刑。

坤造命：

八字——

丁未　戊申　乙丑　庚辰

4己酉　14庚戌　24辛亥　34壬子　44癸丑　54甲寅　64乙卯

此造：

乙木日元，生於處暑後五日，庚金司令。氣聚土金，日時見乙庚作合，本當以化氣格論之。但年上丁火高透，化氣格破矣；當以正格論之。縱行癸丑運癸水破丁，亦不可作化氣論，亦祇能作正格論，但癸能生乙，亦可作好運論。

然女命官殺太旺易受夫欺壓。

乾造命：

八字──

甲申　辛未　庚辰　乙酉

9 壬申　19 癸酉　29 甲戌　39 乙亥　49 丙子　59 丁丑　69 戊寅

此造：

庚金日元，生於小暑後八日，乙木司令。年支申金，月干辛金，時支酉金，月日支未辰土，雖年干甲木幫乙，但無水生木，日時乙庚應作合論，但月支未為甲木之庫，乙木又司令，而年支及日支申辰又暗拱子水，故不可作化氣格論。乃應以正格論之。

此造命主兩度婚姻，經商也常遭人拖累而倒帳。此因財星受尅嚴重之故。

乾造命：

八字──

戊申	8	癸亥
壬戌	18	甲子
庚申	28	乙丑
乙酉	38	丙寅
	48	丁卯
	58	戊辰
	68	己巳

此造：

庚金日元，生於寒露後九日，丁火司令。支全申酉戌，年干透戊土，日時干乙庚看似應論化氣格，或從革格，但因丁火司令而破格，應以正格論之。

此造乙木正財雖有月干壬水食神生之，但壬水逢年戊土緊貼相尅，壬難作用命主竟於丙寅大運，自縊而亡。

木氣已弱，不喜走火運再洩弱木之氣。

乾造命：

八字——

辛酉　丙申　辛丑　己亥

乙未　甲午　癸巳　壬辰　辛卯　庚寅　己丑

此造：

辛金日元，生於申月，月干丙火無根，應與辛作合，但年干也透出辛金，則丙火有爭合之嫌故破，是以此造以正格論之，喜時支壬水洩旺金為用，可惜亥中甲木不出，難以生發富貴。

乾造命：

八字——

庚辰
己卯
壬寅
丁未

10 庚辰
20 辛巳
30 壬午
40 癸未
50 甲申
60 乙酉
70 丙戌

此造：

壬水日元，生於卯月，支全寅卯辰木局，壬水見丁火應作化氣論，但年干透出庚金，生扶日元化氣格破，應以正格論之。雖水得金生，但金水之力太弱故富貴難求，僅為財政部參事。

此造日干雖弱無氣，四柱又尅洩交加，卻得年干庚金生扶，故化氣格破。

乾造命：

八字——

庚子　丁亥　壬子　辛亥

6 戊子　16 己丑　26 庚寅　36 辛卯　46 壬辰　56 癸巳　66 甲午

此造：

壬水日元，生於立冬後十三日，甲木司令。丁火與壬水難以作合，因壬水得強金強水生扶，而丁火亦得甲木生助故此造只能以正格論之。

丁火正財雖得甲木食神之生，但因自坐亥水，故難有作用，雖運走東南，亦僅為一銀行職員。

坤造命：

八字—

丁	癸	癸	戊
未	卯	巳	午

3	13	23	33	43	53	63
甲	乙	丙	丁	戊	己	庚
辰	巳	午	未	申	酉	戌

此造：

癸水日元，生於春分後九日，乙木司令。支全巳午未，年月卯未又合木，氣聚木火，戊癸應作化氣論。但此造月干透癸幫身尅火，化氣格破而且癸水日元自坐巳火，巳中藏庚金，故此造應以正格論之。

全局尅洩交加，一生需背負沈重生活壓力。

坤造命：

八字——

丁巳
丁未
壬寅
壬寅

9 戊申
19 己酉
29 庚戌
39 辛亥
49 壬子
59 癸丑
69 甲寅

此造：

日元壬水生於夏月．氣聚木火土，日干無氣，遇丁火本應作合，但時干透壬水幫身剋火，不能作化氣論，以丁火正財為格，用巳中庚金偏印剋甲木生壬水為用神。

於戌運與寅會出丙火剋庚金而剋夫。於亥壬子癸二十年水地，一婦人而竟致富數十萬，此乃因行比肩用神旺地之故。

乾造命：

八字——

丙戌
癸巳
戊申
丁巳

2 甲午
12 乙未
22 丙申
32 丁酉
42 戊戌
52 己亥
62 庚子

此造：

戊土日元，生於芒種前四日，丙火司令。月干癸水得日支申中庚金之生，似乎應以食神生財而論之。但此造為命學前輩——張伯勳先生在「命學不是假的」一文中所列舉之造。

張先生以化火格取用神，行丁火運賺三仟萬，但行酉運卻虧伍仟萬，何以此造可以化氣格論，因能生癸水之申金被丙丁火尅絕之故。

若申中庚金不被丙火尅，則以正格取之。

乾造命：

八字──

己卯	己巳	癸酉	戊午

10	20	30	40	50	60	70
戊辰	丁卯	丙寅	乙丑	甲子	癸亥	壬戌

此造：

癸水日元，生於芒種前一日，丙火司令。干透三土，火土燥熱，初看應以日支酉金生扶，但酉金遇時支午火破之，則日元癸水遇戊土必合之。

此造乃命學前輩李居璋大師所提供之命造。李大師以正格論之直斷：

二十至四十四歲，一事無成，必待四十五歲後才是佳運。結果從三十歲開始連做三屆省議員。

故此造應以化氣格論方合理。

六、貴者命造

書云：何知其人貴，官星有理會

貴者未必皆用宮星，然官星有理會者，無不貴，有理會者，得時得地，配合有情，合於日主之需要也。

凡干支順遂精粹，氣勢清純，而喜用得時令生旺之氣者，亦無不貴。而用神合於需要，無損傷者，亦必貴。

清、順治帝造：

八字——

戊寅	乙卯	甲午	甲戌

丙辰　丁巳　戊午　己未　庚申　辛酉　壬戌

此造：

甲木日元逢春而生，局見五木，元神健旺，以月干乙木為格，地支全寅午戌會出丙火，必以丙火洩甲木生戊土偏財為用。但此造戊土透干被群劫所奪，而且火勢太過燥熱，日元甲木缺水潤澤福份不真難全。

至丁巳大運，更增火燄焚其元精，於23歲流年庚子沖尅日柱而痛失愛妃董姬凋逝而憂悶痛心，於隔年辛丑終隱山林，雖出身帝王家，但八字偏枯，有福亦難消受。

宋、岳武穆王造：

八字——

癸未	
乙卯	
甲子	
己巳	

甲寅	癸丑	壬子	辛亥	庚戌	己酉	戊申

此造：

甲木日元逢春而生，年月未卯合，日月卯子刑，日時子巳破，年月干透出癸乙，元神旺而時干透己土正財被月干乙木破之，必以時支巳中丙火洩甲木為用神。

穆王一路大破金兵官拜太尉，無奈於辛亥大運時亥水沖巳中丙火，而流年適逢辛酉又逢提綱死於風波亭之難。上造因火過熱而出家，此造因火被傷而喪命。

抗日英雄——張自忠將軍造

八字——

庚寅
甲申
甲戌
丁卯

6 乙酉
16 丙戌
26 丁亥
36 戊子
46 己丑
56 庚寅
66 辛卯

此造：

甲木日元，於處暑前一日生，壬水司令。年月柱天沖地剋，壬水偏印受傷而月日支又申戌拱酉，年干透庚金，七殺太旺，日時支卯戌合火，此造因年月金木交戰太過，用司令壬水通關，可惜因寅申沖而壬水受傷，水失去作用，必暗藏凶禍。時干透丁火或可借之一用，但全局剋洩太過，實非真貴命造。

將軍於抗日期間，台兒莊戰役屢傳捷報，大敗日本野田機械部隊，而獲國民革命軍晉升為二集團軍總司令之職。將軍於大運己丑，流年庚辰，地支形成丑辰戌三刑，流年又與日柱天地沖尅，己土洩弱丁火轉生庚金七殺，而於該年因情報洩漏，遭日本重機械部隊圍困，而持槍自殺殉國。

殉國時日本指揮官曰：「將軍乃最可敬畏的敵人，亦是中國偉大的戰神。」說畢即刻下達命令，在場全部之日本軍士行以軍禮。

岳武穆與張將軍其精神皆令人敬仰，因命中有印星之故，若少此印星，則一凡人也。此印星即全局精神所在。

清、道光帝命造：

八字——

壬寅　己酉　甲戌　丙寅

庚戌　辛亥　壬子　癸丑　甲寅　乙卯　丙辰

此造：

甲木日元，生於秋月，通根於年支及時支寅木，更得年干壬水相生，元神不弱，日時支見戌寅合出丙火，時干又透丙火，甲木得以宣洩，而不致太旺，更喜月柱己酉，財官得時得地得用，其貴更真。

可惜大運與命局反背，故於大運乙卯，流年甲辰，地支形成寅卯辰木局而與美法訂下不平等條約。至69歲大運丙辰，流年庚戌，支戌辰沖戌，干頭丙火剋庚金的不利組合，於該年駕崩。

宋儒—陸放翁命造：

八字—

乙巳
丁亥
甲寅
丁卯

丙戌　乙酉　甲申　癸未　壬午　辛巳　庚辰

此造：

甲木日逢冬生，月日支得寅亥合，年干乙木，時支卯木，甲木混雜，喜其年支巳中丙火洩甲木為格，以月時干丁火洩乙木為用。

陸翁一生詩名鼎盛，文采靈秀，格局俊毓，人格色彩高尚。

其格局精神全在丁火，而年支巳火得亥沖去，否則丙丁爭輝，則格局稍差。

清、名將岳鐘琪命造：

八字——

丙寅　己亥　甲辰　甲戌

庚子　辛丑　壬寅　癸卯　甲辰　乙巳　丙午

此造：

甲木日元逢冬月生，時透甲木相幫更喜通根於年支寅木，年月支寅亥合出甲木，日時支辰戌沖，最喜冬木向陽，年干透丙火，故此造以月干己土為格，取年干丙火洩甲木生戌土為用。甲木得丙火照暖，必有貴徵。將軍於大運癸卯受封寧遠大將軍，征討準噶爾而屢建戰功，為何呢？因卯與寅辰會成木局，助旺元神，又可增丙火之輝，又於甲辰運晉升四川提督，大運乙巳用神盛顯，平定大金川亂事。而奠定大將軍威名事跡。此造精神在年干丙火，而月支亥中壬水因與寅木合而不傷丙火。故年支寅木之功亦不可缺。

漢、光武帝命造：

八字——

乙卯	乙丑	甲子	丙寅

戊子　丁亥　丙戌　乙酉　甲申　癸未　壬午

此造：

甲木日元逢冬而生，自坐子水，且通根於時支寅木，然年柱乙卯，甲乙木混雜，喜其時透丙火照暖，冬木喜向陽，此造以年乙木去月干己土為格，以時干丙火洩甲木為用。甲木用丙火必有貴徵。帝於行戊子大運因行運晦火無光，故於該運雙親凋逝。於大運丙戌，流年壬午，流年大運與時支寅木形成三合火局用神大顯，於該年起兵征討王莽，建立一生志業，並於該大運立基稱帝。

此造精神在於時干丙火。

明、崇禎帝命造：

八字—

辛亥
庚寅
乙未
己卯

己丑 戊子 丁亥 丙戌 乙酉 甲申 癸未

此造：

乙木日元，生於春季，年月支寅亥合出甲木，支又全亥卯未木局，方局合局混，年月干透庚辛金，辛金去乙木，庚金去甲木，甲乙木皆去局中無火尅制官殺，其凶象早伏。

帝於17歲丁卯流年登基，於18歲流年戊辰，土增金旺乃動盪之年，於該年陝西乾旱大鬧飢荒，又有李自成、張獻忠於該年起兵造反，大運戊子，丁亥，生旺土金，國勢日益垂危。

於思宗33歲癸未流年，大運丙戌李自成攻陷承天、常德，入潼關，據西安；張獻忠攻陷黃州、武昌、長江。朝中大臣洪承疇、吳三桂等投入清營。

於34歲流年甲申與提綱沖破，於該年李自成攻進北京，帝登萬壽山自縊而亡，享年34歲，為明朝最後一位皇帝。

清、咸豐帝命造：

八字——

辛卯
乙未
乙酉
辛巳

甲午
癸巳
壬辰
辛卯
庚寅
己丑
戊子

此造：

乙木日元逢夏生，夏木最喜癸水，此造雖月透乙木亦通根年支卯木，可惜局中辛金殺重，又有時支巳中丙火洩木，乙木危矣。

觀帝於大運癸巳流年庚戌登其嗣位。22歲壬子流年，起用曾國藩組湘軍征討太平軍、23歲癸丑流年大運壬辰正印化殺生身，起用曾國藩及僧格林沁兩位軍機大臣殲滅太平天國，但好景不常，於30歲流年庚申官殺重見，被英軍縱火焚燒圓明園，與英法兩國簽訂北京條約，並割烏蘇里江以東之地給俄國，31歲辛酉流年七殺重見，於該年七月病逝熱河。

觀此造之凶徵，在陰木無水轉化。

元、世祖命造：

八字——

乙亥　乙酉　乙酉　乙酉

甲申　癸未　壬午　辛巳　庚辰　己卯　戊寅

此造：

乙木日元逢秋而生，天干一氣得年支亥水而生，身強喜尅喜洩，月日時支見酉金七殺，取壬水為格，取七殺為用。

世祖於47歲流年辛酉大運辛巳，大發七殺之威，連敗大宋諸將，攻陷襄陽、樊城，65歲巳卯流年己卯大運大破宋軍，宋臣陸秀夫負帝趙昺投海殉國，楊太后與張世傑亦投海殉國，世祖於該年大統天下，立國號元，立年號為中統。

世祖此造之精神在地支三酉團結有情。

清、慈禧太后命造：

八字——

乙未　丁亥　乙丑　丙子

戊子　己丑　庚寅　辛卯　壬辰　癸巳　甲午

此造：

乙木日元冬生亥月，支全亥子丑北方水地，年干透乙木幫身，更得年月支亥未會合出甲木，更有月時干丙丁火照暖。此造以丁火為用，以丙火洩甲木為格。寒木向陽有貴徵。

太后為一坤道，卻能在中國朝政歷史中扮演要角，誠非偶然。

太后18歲壬子流年入宮為蘭貴人，因壬水合用神丁火之故。

21歲乙卯受寵於咸豐因乙木生助丁火用

神。

23歲丁巳流年食傷吐秀受封貴妃，27歲辛酉咸豐駕崩，輔助大臣奪權亂政與東太后垂簾聽政，48歲東太后被害，獨攬朝政，而后運行東南旺運，總共垂簾聽政四十五年，卻因慈禧許多不當政策，廢光緒帝、殺六君子而使朝政大亂，促使清朝國勢日益衰微。

太后為一婦道，卻能有此造化，除了有命也有運，也應是累世所修福報。

中共將領——葉劍英命造：

八字——

丁	甲	丙	辛
酉	辰	辰	卯

9	19	29	39	49	59	69
癸	壬	辛	庚	己	戊	丁
卯	寅	丑	子	亥	戌	酉

此造：

丙火日元，於清明後二十四日生戊土司令。辰酉合，辰見辰刑，卯辰穿時干透出辛金正財，年時柱丁酉與辛卯沖尅。

此造戊土洩丙火日元生金，故以年干丁火洩時支卯中乙木尅辛金為格，再以月干甲木尅辰中戊土生扶日元丙火為用神。丙火得甲木為用，必為貴徵。

觀葉氏於28歲甲子流年，大運壬寅、殺印得用，被任命黃埔軍校教務部副主任，30歲流年丙寅晉升北伐軍第一軍參謀長。31歲丁卯受命蘇維埃政府紅軍副總司令。39歲乙亥接第三軍團司令。50歲丙戌任中共軍委會副主席。

58歲甲午，大運己亥，己土合留用神甲木，亥水合卯會出甲木用神，用神大顯，任中共國防委員會副主席，並兼解放軍監察部長。

70歲大運丁酉，流年丙午，任中共書記處總書記。80歲大運丙申，流年丙辰高升中央國家副主席，葉氏一生升遷都在喜用格神之中，其貴必然。

黨國元老—陳立夫命造：

八字—

庚子
甲申
丙寅
戊戌

7 乙酉
17 丙戌
27 丁亥
37 戊子
47 己丑
57 庚寅
67 辛卯
77 壬辰
87 癸巳

此造：

丙火日元，於立秋後十三日生，壬水司令。七殺當權。年干庚金尅月干甲木，月支申金沖日支寅木，看似不妙，因財殺旺，身弱印星被沖尅應為非殘則夭之命。

幸此造壬水七殺司權，而且年干庚金雖欲出而尅甲木，卻因坐子水，未尅而先洩，而月支申金欲沖日支寅木也因申金隨子水而合，而解了沖尅之力，況日時支寅木遇戌合而合出丙火日元元精，而使元神更旺，雖丙火有時干戊土之洩亦無妨。

此造當以年干庚金洩戊土生壬水為格，以甲木洩壬水剋戊土生丙火為用神。此造丙火得甲木為用，亦為貴徵。

先生於大運丙戌，流年甲子，25歲之齡就受命為黃埔軍校校長之機要秘書。28歲大運丁亥，流年丁卯，出任國民黨中央黨部秘書長。爾後一路擔任黨政要職。曾為總統府資政，在九十幾歲高齡依然身體健康。先生亦精通國學易理。

先生一生升遷亦在格用及喜用神之年運，與上造雷同。

延平郡王—鄭成功命造：

八字—

甲子
壬申
丙寅
壬辰

癸酉 甲戌 乙亥 丙子 丁丑 戊寅 己卯

此造：

丙火日元逢秋月生，支全申子辰水局之地，壬水雙透，丙火可謂四面皆危，況月日柱犯天沖尅地如何顯貴，幸年干甲木出而解危，故甲木的重要性可想而知。

此造之福份難與上造相比擬，因此造財殺太旺，而元精不旺，雖有甲木生助，但甲力之力不強。

郡王22歲大運甲戌，流年乙酉，受王室封賞，授禁軍都督，賜國姓為朱，23歲丙戌受封忠孝伯，賜上方寶劍。29歲運轉北方，流年壬辰，兵敗漳州折五員大將。30歲流年癸巳，海澄一役大破清軍。31歲甲午為永曆帝封受延平郡王。31歲乙未掛帥攻下仙遊、舟山。35歲戊戌大運乙亥，大舉北伐直趨南京，至羊山遇颶風，折兵將數千。三位公子亦溺死。38歲大運丙子，流年辛丑，退守台灣，39歲壬寅，因大運丙子與命局形成申子辰水局，攻煞元神太過，而逝於台灣。

此造所以早逝為元神太弱，財殺太旺之故。

明、光宗帝命造：

八字—

壬午　己酉　丙申　乙未

庚戌　辛亥　壬子　癸丑　甲寅　乙卯　丙辰

此造：

丙火日逢酉月生，日支坐申金，月干透己土，時支亦落未土，土金洩氣太過，唯借年支午火幫身，可惜年干壬水蓋頭尅下，最後只能依賴時干乙木去己土而生午中丁火尅酉中辛金為用，以丙火尅申中庚金為格。

光宗於39歲大運壬子，流年庚申登基，卻僅在位三十天便駕崩，為明朝在位皇帝中最短的一位。

因壬子尅去丙火及午火，而庚金把乙木也尅合住，格用盡失作用，故亡。

宋、民族英雄—文天祥命造：

八字—

丙申　甲午　丙辰　庚子

乙未　丙申　丁酉　戊戌　己亥　庚子　辛丑

此造：

丙火日元，生於炎夏，年月透甲木丙火、火炎木枯，其喜在支全申子辰水局，此造以時支子中癸水沖去月支午中丁火為格，再以日支辰中戊土洩丙火生庚金，庚金生申子辰所會合出的壬水為用。

此水火相濟之功，方使文天祥能成就永垂不朽的浩然正氣。

文公於21歲流年丙辰，大運丙申，支成申子辰水局而大魁天下，高中狀元。

29歲大運丁酉，流年甲子，財官得用，

晉升福建提督。

40流年乙亥調升兵部侍郎。41歲流年丙子升右丞相。

42歲大運戊戌，流年丁丑因與大運及命局中日支形成辰丑戌三刑，金水氣損，不幸被元軍大敗於贛州之役。

43歲流年戊寅，大運戊戌，地支形成寅午戌火局，於該年被俘於海豐，妻、子皆死。

47歲流年壬午，因嚴拒招降，為忽必烈下令處死。

七、病徵

五行和者，一世無災。血氣亂者，平生多疾。
忌神入五臟而病凶，客神游六經而災小。
木不受水者血病，土不受火者氣傷。
金水傷官，寒則冷嗽，熱則痰火。
火土印綬，熱則風痰，燥則皮癢。
論痰多木火，生毒鬱火金。
金水枯傷而腎經虛，水木不相勝而脾胃泄。
人懷胎十月而生，得干支五行之氣，所以富貴貧賤，壽夭窮通，性情、健康等都得受五行的支配，所以命理與醫理同出一源。
先賢對醫理五行的歸類列表如下：

五行對應圖

五行	木	火	土	金	水
方位	東	南	中	西	北
時序	春	夏	長夏	秋	冬
五氣	風	暑	濕	燥	寒
生化	生	長	化	收	藏
臟	肝	心	脾	肺	腎
腑	膽	小腸	胃	大腸	膀胱
竅	目	舌	口	鼻	耳
體	筋	脈	肉	皮毛	骨
志	沁	喜	思	憂	恐
色	青	赤	黃	白	黑
味	酸	苦	甘	辛	鹹
音	角	徵	宮	商	羽
聲	呼	笑	歌	哭	呻

人為萬物靈長，得五行之全，所以，人的身體便為五行的結合體，人命八字的格用喜忌之五行，原命配合運歲的運轉，有消長變化而影響人體的健康。人類疾病種類很多，在八字命理上，只能做概略的分析判斷。

八字命造，以體用生旺無破損者，一生少病。所謂體即比劫印綬之謂也。從化之格，以從化之神為體。反之體衰弱、混雜、破損或為忌神生旺者，一生多病。缺陷在原命，即是忌神入五臟，一生多病。缺陷在大運或流年，即是客神游六經，應在大運或流年。忌神入五臟者病凶，客神游六經者災小，歲運一過，藥到病除。

五行在四時，有旺、相、休、囚等太過或不及，有不能協調者易得病。再者，習命者欲從命造八字得知身體健康情況，或疾病種類，首先要知道身體各部門與五行的關係。例如：

甲木——主膽囊、毛髮、頭部、腦部、腳。

乙木——十指、肝臟、頭髮、手。

丙火——小腸、眼睛、肩、發燒、發炎、發燙傷。

丁火——心臟、血壓、疔瘡。
戊土——胃、肌肉、皮膚。
己土——脾臟、胰臟、腹部、結石。
康金——大腸、臍輪、胸、說話。
辛金——肺、牙齒、胸腔。
壬水——膀胱、脛、三焦、子宮、卵巢。
癸水——腎臟、耳、內分泌系統、足。
以上為十天干之五行表象。
以下再附註十二地支五行表象。
子水——腎臟、膀胱、耳、腰、尿道。
丑土——脾臟、腹、胸、足。
寅木——膽、風門、脈、髮、關節。
卯木——肝、手、背、面、血、神經。
辰土——皮膚、肩、背項、消化器官。

巳火——小腸、面、齒、股、咽喉。
午火——心、目、舌、神氣，心臟。
未土——口、腹、唇、齒、胃、脾臟。
申金——大腸、筋骨、肺臟。
酉金——肺、喉、鼻、聲音、血、小腸。
戌土——命門、膝、脇、胸、子宮。
亥水——膀胱，生殖器、肛門。
以上八字喜忌格用配合十天干及十二地支五行，推斷命造疾病，方能有驗。

乾造命：

八字——

辛卯
辛卯
乙亥
丙戌

10庚寅
20己丑
30戊子
40丁亥
50丙戌
60乙酉
70甲申

此造：

乙木日元，於清明前一個時辰生。乙木司令。日月支見亥卯會出甲木，甲木生丙火，丙火又生戌中戊土。本造身強喜冠喜洩，若用年月干頭辛金為用神，則辛金坐絕，而且時干丙火高透剋金，況且戌中戊土也不能生辛金。

此造為國中老師。得鼻癌逝世。

此造何以得鼻癌？

從命中得知辛金主肺、鼻、喉，而此造八字辛金缺生扶，又被剋。大運走到丁亥，流年辛未，未土被合走，無力坐金，況且大運丁火剋絕辛金，故命主才得鼻癌而亡。

坤造命：

八字──

庚寅　丁亥　丁丑　庚子

11 丙戌　21 乙酉　31 甲申　41 癸未　51 壬午　61 辛巳　71 庚辰

此造：

丁火日於大雪日子時生，壬水司令。正官當權，支全亥子丑北方水局，全局財官旺，格局取年支寅中甲木為用神。可惜年干庚金蓋頭尅下，大運行至甲申與年柱庚寅戌天尅地沖之局，流年癸亥癸水傷丁火，而亥水又與命局水局重疊，形戊申寅金木交戰，於該年死於肝癌。

此造何以死於肝癌，因木主肝膽。

乾造命：

八字──

甲辰
甲戌
庚戌
丁丑

4 乙亥
14 丙子
24 丁丑
34 戊寅
44 己卯
54 庚辰
64 辛巳

此造：

庚金日元，於霜降後五日生，戌土司令。地支辰戌丑三刑，干透甲木丁火尅金，燥土又不能生金，局中辰丑濕土皆刑破，故庚金不能以旺論。大運行至丁丑，流年戊午，戌合火更添燥熱，丁火透出尅金更重，於戊午流年發病，死於肺病。

此造何以死於肺疾？

日主雖庚金，但戌中藏辛金，而戌與辰丑互刑，時干及大運皆丁火，故辛金無處可逃，是以亡於肺病。

乾造命：

八字——

戊午	庚申	戊午	戊午

6辛酉　16壬戌　26癸亥　36甲子　46乙丑　56丙寅　66丁卯

此造：

戊土日元，於處暑後一日生，庚金司令。但全局火土燥熱之象，不能生金。此造若壬水司令，情況就會不一樣了。因此造在未上大運前之己未流年，便得血癌夭折。

此造何以得此症而逝？

因申酉金皆主與血有關的五行，而此造在己未流年，因未與午合火更添燥熱，是以得此症而亡。

坤造命：

八字——

戊戌	甲子	丙戌	庚寅

10	20	30	40	50	60	70
癸亥	壬戌	辛酉	庚申	己未	戊午	丁巳

此造：

丙火日元，於冬至後十三日生，癸水司令。全局剋洩重，取月干甲木生丙火為用。但時干庚金高透剋甲木，幸庚金坐絕，而且日時支中寅戌合火助身，但不幸大運行壬戌，流年庚申沖剋甲木及寅木用神，壬水欲生甲木卻被戊土剋破，日主弱無依，竟成瘋癲之人。

此造何以犯此瘋癲之疾？

因甲木主頭部、腦部，另木亦主神經，此造甲木受傷，故有此應。

乾造命：

八字——

丁	戊	戊	丁
酉	申	午	巳

3	13	23	33	43	53	63
丁	丙	乙	甲	癸	壬	辛
未	午	巳	辰	卯	寅	丑

此造：

戊土日元，於立秋後六日生，壬水司令。全局火土燥熱，偏財司令。真神得用。但大運行至乙巳，流年丁卯卻死於肝癌，何以故？

因大運乙巳，木火增日元之燥氣，而且原本巳酉能作合而解巳申之刑，使申中壬水不受傷，卻因丁卯流年之卯木沖酉金，而解了巳酉之合，反使火轉刑申金，而使申中壬水受傷，而使命局形成金木交戰，卯中乙木受損，故死於肝癌（木主肝膽）。

乾造命：

八字──

丁未
甲辰
丙午
癸巳

3 癸卯
13 壬寅
23 辛丑
33 庚子
43 己亥
53 戊戌
63 丁酉

此造：

丙火日元，於清明後七日生，乙木司令。支全巳午未火局，全局木火勢旺，雖有月支辰土晦火，但無奈命局缺金，則時上癸水難以生發作用。

此造命主失明，為何呢？

因癸水在五行表象中主腎臟，而癸水被火熬乾，故此而失明。

坤造命：

八字──

丁丑

壬寅

丙寅

庚寅

10癸卯 20甲辰 30乙巳 40丙午 50丁未 60戊甲 70己酉

此造：

丙火日元，於立春後三日生，戊土司令。局支地支三見寅木生火，年月透丁壬，壬水與丁火合化，殺失其威，專用時上庚金偏印破財為用，更喜司令戊土食神來生財。

此造命主除腎不好外，也常失眠、關節痛。這是因為壬水被合，水主腎所以腎不好，而金木交戰，寅木主關節，寅中甲木亦主頭部及腦部，所以常有失眠現象。

乾造命：

八字——

戊戌　戊午　癸酉　壬戌

5 己未　15 庚申　25 辛酉　35 壬戌　45 癸亥　55 甲子　65 乙丑

此造：

癸水日元，於夏至後四日生，丁火司令。戊癸本欲作合，但時干透壬水幫身破局。以正格論之。壬水雖出，卻被月干戊土所破，欲以日支酉金生扶，無奈酉金被月支午火破去。

此造喜用盡去，非殘則夭，水主智，水受損，故命主出世為白痴之人。

乾造命：

八字—

己卯
辛未
乙卯
丁亥

4 庚午
14 己巳
24 戊辰
34 丁卯
44 丙寅
54 乙丑
64 甲子

此造：

乙木日元，於小暑後九日生，乙木司令。支全亥卯未，身旺喜剋喜洩，取月干辛金制乙木為用，此造若年干己土不出，則其用必在時干丁火，因用丁火則火被己土所洩，用火無力。是以此造在戊辰運大發，一交丙寅，死於肺癌。

因辛主肺、而丙火得寅木長生之力而剋辛金。故亡於此運中。

乾造命：

八字——

癸巳
乙卯
甲戌
乙丑

7 甲寅
17 癸丑
27 壬子
37 辛亥
47 庚戌
57 己酉
67 戊申

此造：

甲木日元，於春分後三日生，乙木司令。全局水木氣盛。唯取年支巳中丙火生土為用，可惜癸水蓋頭尅丙火，而且日時支丑戌土刑，故此造於壬子大運，癸亥流年因胃穿孔而開刀。

在五形表象中，土代表胃腸、消化器官，而此造之土丑戌刑破，故有此應。

乾造命：

八字——

戊辰
戊午
壬申
丁未

1 己未
11 庚申
21 辛酉
31 壬戌
41 癸亥
51 甲子
61 乙丑

此造：

壬水日元，於芒種日生，丙火司令。全局火土燥熱，幸年支辰土與日支申金會出壬水，可惜年月干頭，戊土並透，尅身太過，命主於甲子大運，癸亥流年被子忤逆，一氣之下得腦充血，命在旦夕。

（火主心臟、血壓）甲子運與月柱戊午沖尅太重，故因血壓過高而得腦充血。

乾造命：

八字——

己酉
庚午
庚子
己卯

2 己巳
12 戊辰
22 丁卯
32 丙寅
42 乙丑
52 甲子
62 癸亥

此造：

庚金日元，於芒種後三日生，丙火司令。元神旺喜財官，但因子午沖，午中丙火受傷，次取子中癸水生卯中乙木為用。故此造命主行運得東北水木之鄉，中年發跡，於壬戌大運，辛酉流年中風而亡。

此因大運支戌與流年支申與命局年支酉三會金局生水而沖火之故。

（火主心臟、血壓。）

乾造命：

八字——

庚午	戊子	己酉	甲戌

5	15	25	35	45	55	65
己丑	庚寅	辛卯	壬辰	癸巳	甲午	乙未

此造：

己土日元，於冬至後三日生，癸水司令。以年支午中丁火為用，但遇子水沖破，祖基無力，早年喪父。命主於癸巳大運之甲子流年因膽結石而開刀。

（土主結石，木主肝膽）。

木遇金尅，肝膽易生毛病。

乾造命：

八字——

丙午
庚子
戊子
壬子

10 辛丑
20 壬寅
30 癸卯
40 甲辰
50 乙巳
60 丙午
70 丁未

此造：

戊日日元，於大雪二日生，壬水司令。財星當令，年柱為用，故出生富家。很聰明，讀師範大學，做過教師，娶四妻、得四子。於丁未運，流年癸亥死於心臟病。

此造年時互沖。（火主心臟）而火被沖剋，在五行表象中，易得與心臟、血壓有關之症。丁未運癸亥年，癸水沖丁火，故有此應。

乾造命：

八字──

丁亥　庚戌　癸亥　壬戌

2己酉　12戊申　22丁未　32丙午　42乙巳　52甲辰　62癸卯

此造：

癸水日元，於寒露後二日生，辛金司令。全局金水氣寒，喜年干丁火透出通根於戌支，更喜亥中甲木生火，然此造命主於乙巳大運之己巳流年因肝癌而亡。

此因運歲兩巳沖局中兩亥，而使甲木受傷之故。（木主肝膽）。

乾造命：

八字——

丁丑
辛亥
壬寅
戊申

2 庚戌
12 己酉
22 戊申
32 丁未
42 丙午
52 乙巳
62 甲辰

此造：

壬水日元，於立冬後三日生，戊土司令。金水濕冷，必以年上丁火為用，再以日支寅中甲木為用，可惜寅木逢申金沖破，用神危矣！

此造曾於丙運開車撞死人，後與妻移居美國，於乙巳運回台，但因運支與命局形戊申寅巳亥四刑而於該運中風。

甲木主頭部、腦部而寅中甲木受傷故有此應。

坤造命：

八字——

己丑　辛未　庚申　庚辰

4 壬申　14 癸酉　24 甲戌　34 乙亥　44 丙子　54 丁丑　64 戊寅

此造：

庚金日元，於大暑後六日生，巳土司令。年月丑未沖，日時申辰拱水，全局成兩行成象格。身旺喜洩，無奈大運行至乙亥尾，乙木被旺金所尅，亥未會木，於癸酉流年，因卯酉暗沖，故死於肝癌。（因木主肝膽）。

坤造命：

八字——

戊申
壬戌
己卯
丁卯

10 辛酉
20 庚申
30 己未
40 戊午
50 丁巳
60 丙辰
70 乙卯

此造：

己土日元，於立冬前二日生，戊土司令。看似身旺，但日主自坐卯木病位，而且年月支申戌暗拱酉金，金水木盜尅洩元神太過，年干戊土出而欲尅壬水卻被申金洩去，唯取時干丁火生身，但大運行運至庚申流年癸酉支戌申酉戌金局而死於免疫系統失調。

（癸為內分泌系統）癸丁尅，致免疫系統失調。

乾造命：

八字——

庚辰
癸未
丙子
辛卯

3 甲申
13 乙酉
23 丙戌
33 丁亥
43 戊子
53 己丑
63 庚寅

此造：

丙火日元，於大暑後九日生，己土司令。月支與日支未子穿，日與時子卯刑。全局土金水重，專取時支卯中乙木為用，惜被時干辛金蓋頭尅下，子中癸水又被穿破，無力洩辛金，喜用無力，此造為武打明星李小龍命造。

李先生早得運助，於丙運時流年逢丁未主演猛龍過江而名揚中外，戊申流年演青蜂俠亦大受歡迎。然好景不常，於丁亥大運流年癸丑，運歲命局合成亥子丑北方水，於拍死亡遊戲影片中，因腦血管破裂而暴逝於香港。

（火主心臟、血壓）。丙丁火傷故有此應。

八、車　禍

古今時空不同，自然命局所出現的情況也就不同，如古代人交通沒有像現代一般的快速方便，自然出車禍的機率就比較低。

而今幾乎人人有機車或汽車代步，甚至各種交通工具每天都有人乘載，所以，發生車禍的機率也就相對的大為提高。

而什麼樣的命格比較容易出車禍，這是本節內容所要來探討的方向，如果有較符合本節單元所探討的命格，那就必需多加留意與謹慎。方免一失足，成千古恨了。

乾造命：

八字——

壬子　甲辰　庚寅　丁亥

3乙巳　13丙午　23丁未　33戊申　43己酉　53庚戌　63辛亥

此造：

庚金日元，於穀雨後九日生，戊土司令。月支辰土遇子水隨合而去，月日支寅辰又暗拱卯木，用神戊土盡失其用。

故命主於大運丙午時沖年柱，又於流年庚午支午見午刑，又寅與午合，皆不利命主，故於該年騎車發生車禍而亡。

乾造命：

八字——

乙未
庚辰
丁酉
辛丑

1 己卯
11 戊寅
21 丁丑
32 丙子
41 乙亥
51 甲戌
61 癸酉

此造：

丁火日元，於清明後一日生，乙木司令。支見辰酉合，丑酉合，干又透庚辛金。全局土金氣太重，只取乙木為用，但乙逢庚辛實難作用。

於大運丁丑沖年柱未土火根，流年庚申，申合辰，辰隨合而去，辰中乙木失去作用，於該年死於車禍。

乾造命：

八字——

戊子	乙卯	甲辰	甲戌

6	16	26	36	46	56	66
丙辰	丁巳	戊午	己未	庚申	辛酉	壬戌

此造：

甲木日元，於春分前一日生，乙木司令。支見子卯刑、卯辰穿、辰戌沖。

木旺土弱，權取戌中丙火為用。

命主於大運午時，流年辛酉，形成地子午卯酉之刑，於當年農曆九月發生車禍幸有驚無險，但於當年工廠發生火災，廠房燒平。

乾造命：

八字——

癸亥　壬戌　壬辰　辛亥

8辛酉　18庚申　28己未　38戊午　48丁巳　58丙辰　68乙卯

此造：

壬水日元，於霜降後七日生，戊土司令。支見辰戌沖。以戌中火為用。

命主於流年丙寅五月發生車禍而身亡，丙火被強壬所尅，身旺財無依短命之格。

乾造命：

八字——

丁酉
己酉
癸巳
丁巳

4 戊申
14 丁未
24 丙午
34 乙巳
44 甲辰
54 癸卯
64 壬寅

此造：

癸水日元，於白露後十日生，辛金司令。支見巳酉合出金來生日主癸水。

命局不差，但行丙午大運之丁卯流年，旺火破金，流年又沖用神，故於當年農曆四月死於車禍。

乾造命：

八字——

壬辰
癸卯
壬子
丁未

9	19	29	39	49	59	69
甲辰	乙巳	丙午	丁未	戊申	己酉	庚戌

此造：

壬水日元，於驚蟄後二日生，日元司令。支見卯辰穿、子卯刑、子未穿、因日支子水被穿破，所以元神由旺轉弱取印為用，印星局中不見。

大運至午、流年丁卯、農曆四月，被客運車撞死。大運丙午沖日柱壬子，水根被連根拔除，故有此應。

乾造命：

八字—

乙	己	辛	丁
巳	卯	酉	酉

1	11	21	31	41	51	61
戊	丁	丙	乙	甲	癸	壬
寅	丑	子	亥	戌	酉	申

此造：

辛金日元，於驚蟄後二日生，日元司令。日元自坐酉金，日祿又歸時，元神不弱。年干乙木欲去月干己土卻被年支巳火洩去，而時干丁火欲洩乙木尅辛金，卻被己土洩去，況日支卯中乙木也被酉金去之。

故此造以丁火洩乙木為用神。大運行至丙子，流年戊辰出車禍而亡。因子辰合水，且戊土洩去火勢故亡。

乾造命：

八字——

甲申
壬申
甲戌
庚午

1	11	21	31	41	51	61
癸酉	甲戌	乙亥	丙子	丁丑	戊寅	己卯

此造：

甲木日元，於白露前一日生，庚金司令。支見申戌拱酉，日時戌午合火，時透庚金尅甲木，幸月干壬水出而救甲木以壬水為用神。

大運行至丁位，流年丁卯，丁火合住壬水用神，結果出車禍而亡。

乾造命：

八字——

甲申　丁卯　壬申　甲辰

9 戊辰　19 己巳　29 庚午　39 辛未　49 壬申　59 癸酉　69 甲戌

此造：

壬水日元，於驚蟄後三日生，甲木司令。木火洩氣重，喜其日時支見申辰會水。行午運尾官殺壬戌，戌土沖去時支辰土，破水局，致車禍成殘，此造所以殘而不死，因年支申金用神未傷之故。

乾造命：

八字——

癸卯
癸亥
庚午
己卯

6 壬戌
16 辛酉
26 庚申
36 己未
46 戊午
56 丁巳
66 丙辰

此造：

庚金日元，於小雪日生，壬水司令。食神司權。雖日元虛浮，但時透己土正印故不能從。時干己土雖坐卯木病位，但因日支午中藏丁火己土，是以不從也。

但凡命局身弱而不從者，忌行扶身之運，因行扶身之運必沖激旺神而遭凶禍。

此造乃筆者一遠房侄子，當命主行辛酉、庚申運時，因行旺身之運，助身受洩，能娶妻生子，平安無事，但當大運進入己未之時，己土沖激癸水反濁，而且未土與局中亥卯三合入墓，印星反不能生扶日元，故於己卯流年發生車禍凶亡。

此造所以早夭，因生身之印坐病位而且生己土之午火與時支卯木破，而且局中乙木破己土，無辛金護土，而大運未土又入墓不能生身。故此命主才短短37歲，便已離人世間。

乾造命：

八字——

庚子
己卯
甲午
甲子

11 庚辰
21 辛巳
31 壬午
41 癸未
51 甲申
61 乙酉
71 丙戌

此造：

甲木日元，於驚蟄後二日生，甲木司令。支見子卯刑，卯午破，子午沖，元神旺，取財官為用，可惜己庚一坐病一坐死，其用盡失。於辛巳大運流年甲子在車禍中竟成殘障。

因大運辛巳之辛金臨死地，而且巳遇子則破，而流年甲子沖年柱庚子，故有此應。

乾造命：

八字——

己亥　壬申　庚辰　壬午

7	17	27	37	47	57	67
辛未	庚午	己巳	戊辰	丁卯	丙寅	乙丑

此造：

庚金日元，於處暑後二日生，庚金司令。月日支申辰會子水。全局水勢洩氣太過，喜年干己土扶身。

可惜命主於己巳大運之流年丙寅，形成了申寅巳亥四沖之局，而於當年發生重大車禍，於開車送女友上班中，發生事故，而致面目全非。

乾造命：

八字──

庚子
己丑
丙午
己亥

9 庚寅
19 辛卯
29 壬辰
39 癸巳
49 甲午
59 乙未
69 丙申

此造：

丙火日元，於小寒後八日生，癸水司令。支全亥子丑水局，局中年日柱天地沖尅，元神弱，取時支亥中甲木為用。命主於辛卯運，流年壬戌發生車禍。

因大運卯與命局子午皆破，而壬戌年七殺攻身故有此應。

乾造命：

八字——

丁酉
丙午
壬子
庚子

2	12	22	32	42	52	62
乙巳	甲辰	癸卯	壬寅	辛丑	庚子	己亥

此造：

壬水日元，於芒種後三日生，己土司令。元神旺，財官亦重，最喜木來通關為用。命主於癸卯大運，丁卯流年發生車禍。

此造月柱天沖地剋，大運癸水剋丁火，運歲地支與命局成子午卯酉沖之態勢，故有此應。

乾造命：

八字──

乙亥	7 甲申
乙酉	17 癸未
甲辰	27 壬午
乙丑	37 辛巳
	47 庚辰
	57 己卯
	67 戊寅

此造：

甲木日元，於秋分後一日生，辛金司令。看似財殺旺，而身實強，以財官為用。

於大運庚辰，流年丁卯，發生車禍。幸無大礙，因流年丁卯沖用神酉金提綱，因金勝木敗故無礙。

乾造命：

八字──

甲午	癸酉	庚寅	壬午

4	14	24	34	44	54	64
甲戌	乙亥	丙子	丁丑	戊寅	己卯	庚辰

此造：

庚金日元，於秋分後八日生，辛金司令。支見寅午火局，干透水木，全局盜洩過重，取印為用。

於子運尾，丁卯流年沖剋提綱，發生車禍。

乾造命：

八字—

年	月	日	時
癸巳	甲子	乙巳	壬午

6	16	26	36	46	56	66
癸亥	壬戌	辛酉	庚申	己未	戊午	丁巳

此造：

乙木日元，於大雪後十三日生，壬水司令。寒木向陽，可惜財星不出，能者多勞，開餐廳，慘澹經營，於辛酉運，丙寅流年，發生車禍。

運支與命局成子午酉及流年支寅見巳刑，故有此應。

乾造命：

八字——

庚午 己卯 甲戌 癸酉

4 庚辰　14 辛巳　24 壬午　34 癸未　44 甲申　54 乙酉　64 丙戌

此造：

甲木日元，於春分後四日生，甲木司令。雖得時干癸水相生，但支見午戌合、戌卯合、火工金重，取時干癸小為用神。

娶雙妻，服務公家事業單位。於乙酉大運，丁卯流年，一年中發生三次車禍。

乾造命：

八字——

甲	丁	庚	丙
寅	卯	午	戌

3	13	23	33	43	53	63
戊	己	庚	辛	壬	癸	甲
辰	巳	午	未	申	酉	戌

此造：

庚金日元，於春分後九日生，甲木司令。全局氣聚木火，唯取時支戌中戊土為用，可惜戊隨火而化。於己巳大運，戊辰流年，發生嚴生車禍而亡。

此造亦是身弱不堪，印扶之例證。

戊辰流年戊土被甲木尅去，辰隨寅卯而化。雖行印地反凶。

乾造命：

八字——

己亥
壬申
庚午
辛巳

4 辛未
14 庚午
24 己巳
34 戊辰
44 丁卯
54 丙寅
64 乙丑

此造：

庚金日元，於立秋後六日生，戊土司令。元神不弱，取木生火為用。

此造大學畢業，為職校老師。於己巳大運，丙寅流年發生車禍。因運歲與命局支戌申寅巳亥四沖之局故有此應。

乾造命：

八字——

甲辰	乙亥	乙亥	壬午

6	16	26	36	46	56	66
丙子	丁丑	戊寅	己卯	庚辰	辛巳	壬午

此造：

乙木日元，於小雪日生，壬水司令。水木陰寒喜向陽，取時中午火為用。於戊寅大運元已巳流年竟發生車禍身亡。

因己巳流年與月柱及日柱天地沖剋，火土皆傷故有此應。

坤造命：

八字——

甲午
丁丑
庚辰
乙酉

5 丙子
15 乙亥
25 甲戌
35 癸酉
45 壬申
55 辛未
65 庚午

此造：

庚金日元，於小寒後十三日生，己土司令。身強喜財官。於甲戌大運之辛酉流年發生車禍而成殘。運支戌與局中丑辰相刑破，流酉與命局午酉亦刑破，最嚴重是大運甲戌與日柱庚辰天地沖尅。

綜合以上命造，凡命局中與運歲重見寅申巳亥或子午卯酉者易發生車禍，另辰戌丑未為用神而歲運入墓者也易發生車禍，所以命局中若有出現以上組合者，則當小心自己的安全為要。

九、職業

所謂行行出狀元，三百六十行，各有專精，而要以命理五行來判斷何種命格適合從事何種職業，亦需以五行種類的特質來加以判斷。

例如，以木生火者，較適合教職。而以火剋金者，較適合軍警政及法律者。而以水生木者，則較適合從事中醫及藥理研究。若以金為喜用者，則有可成為外科醫師、或外科名醫等。若以火生土者，則較大多數者很可能成為政治人物。若以土生金者，則有可能成為企業家。

又若以五行來分類，則火代表光明主法律，則金代表群眾，土代表大地山河，木代表資源糧食，水代表生命與財產。

如以五行再加上五行特質來加以判斷，則較可能分別其人該從事何種行業，但這也僅提供參考，非百分之百命中。現舉數造命理與同好共研。

乾造命：

八字——

己未 丙子 庚申 丙戌

9乙亥 19甲戌 29癸酉 39壬申 49辛未 59庚午 69己巳

此造：

庚金日元，於冬至後十一日生，癸水旺相。此造本成水火既濟，可惜子逢未土穿破。此造元神雖弱，但得印生扶而丙火七殺得根於未戌中，故丙火亦不弱，金得火而輝，金代表群眾。火代表法律，以火鍛金，必為軍警政中人也。

此造命主畢業於日本法政大學，一生無經商，連任六屆市議員。

乾造命：

八字──

辛未
丁酉
乙酉
乙酉

7 丙申
17 乙未
27 甲午
37 癸巳
47 壬辰
57 辛卯
67 庚寅

此造：

乙木日元，於秋分後三日生，辛金司令。全局財殺酉旺，以時干乙木為格，以年支未中己土洩丁火生酉中辛金為用神。此造從格論。以木生火，火又生土，土又生金。

故此造為一賣米中盤商。又此造以土生金，故為生意人。五行以土生金者，易成為商人或企業家。

而此造又以乙木生丁火，木為資源糧食，故成為米商亦合理。

坤造命：

八字——

己亥
戊辰
丁丑
辛丑

4 己巳
14 庚午
24 辛未
34 壬申
44 癸酉
54 甲戌
64 乙亥

此造：

丁火日元，於穀雨後四日生，戊土司令。支見辰丑破，全局火土金一路相生，火氣被洩盡。必以從格論之。

高商畢，22歲庚申年結婚。

23歲起開始開銀樓，短短五年賺一千多萬。此造喜土金，而以土生金者之五行命格易成為商人或企業家，命主喜土金做銀樓生意買賣很合理。

乾造命：

八字——

癸巳　壬戌　癸丑　辛酉

7辛酉　17庚申　27己未　37戊午　47丁巳　57丙辰　67乙卯

此造：

癸水日元，於霜降後五日後生，戊土司令。全局氣聚於金水，月日支見丑戌刑，日時支見丑酉合，取年支巳中丙火為用，雖水旺用土止水，但此造，土不能止水反洩火生金，必以木為用。得父母蔭，因年月支皆喜。

於戊土大運庚午流年投資證券行賠了一億多。因證券屬金，而此造不喜金。命與五行不相應。

坤造命：

八字──

戊	甲	甲	丁
寅	寅	戌	卯

3	13	23	33	43	53	63
癸丑	壬子	辛亥	庚戌	己酉	戊申	丁未

此造：

甲木日元，於立春後七日生，丙火司令。食神洩秀生財必為富格。

此造經營飼料廠，規模不小。庚戌、己酉運大獲利。於戊土大運己巳流年投資證券行大虧數億元。

以火生土。本身木又旺，以木生火土，原本經營飼料廠很適合，後投資證券屬金不合適。而且大運戊土又被甲木尅。

乾造命：

八字——

甲申　丁卯　乙酉　己卯

5	15	25	35	45	55	65
戊辰	己巳	庚午	辛未	壬申	癸酉	甲戌

此造：

乙木日元，於春分一日生，乙木司令。甲乙木混雜，以年支申制甲木為格神。取月干丁火洩乙木生時干己土為用，但可惜己土被日支酉金洩去，且卯酉沖。

以木生火故職業為教師。但因與有夫之婦有染，而被殺成殘。

此造以木生火為教職很合理。

乾造命：

八字——

丙申
丁酉
戊寅
辛酉

6 戊戌
16 己亥
26 庚子
36 辛丑
46 壬寅
56 癸卯
66 甲辰

此造：

戊土日元，於秋分日生，辛金司令。食傷洩氣太過，必以年干丙火為用，以丁火尅辛金為格。此造雖為食傷配印，但大運喜走北方水位，以化金木之戰。

此造為已故陸軍一級上將余漢謀八字。此命造其所以貴為上將，因五行以火鍛金，以火鍛金者，較適合軍警政人員。

乾造命：

八字——

甲戌
戊辰
癸丑
壬子

8 己巳
18 庚午
28 辛未
38 壬申
48 癸酉
58 甲戌
68 乙亥

此造：

癸水日元，於清明後七日生，乙木司令。支見辰戌丑三刑，幸日主自坐丑土水源有根，取年上甲木制月干戊土正官為用。

故於39歲壬子流年大運壬申升任校長。

因傷官甲木制戊土正官故貴為校長。

乾造命：

八字—

己亥
戊辰
己巳
辛未

8 丁卯
18 丙寅
28 乙丑
38 甲子
48 癸亥
58 壬戌
68 辛酉

此造：

己土日元，於穀雨後十一日生，戊土司令。以戊土洩丙火為格，以時上辛金洩己土為用神。以土生金者，易成為企業家。

而此造辛金為食神，食神主才藝，智慧，藝術，所以此造為影業鉅子很合理。此造為香港影業富商邵逸夫之命。

乾造命：

八字——

庚辰
丙戌
己丑
甲子

9 丁亥
19 戊子
29 己丑
39 庚寅
49 辛卯
59 壬辰
69 癸巳

此造：

己土日元，於寒露後五日生，辛金司令。支見辰戌丑三刑。月透丙火助身，稼穡格成。時透甲木破，但有丙火洩之無妨。此造亦可以化氣格論之。

己丑運前不佳。交庚寅運後大發上億。此造稼穡行火土金運皆可，以火生土，以土生金，故為一建設公司老闆。

以五行表象很合理。

乾造命：

八字——

甲子	壬申	辛未	甲午

7	17	27	37	47	57	67
癸酉	甲戌	乙亥	丙子	丁丑	戊寅	己卯

此造：

辛金日元，於立秋後十二日生，壬水司令。支見申子合、午未合，月支申金隨子水而化，而日支未與午合留，全局水木過重，取日支未土為用，壬生甲木為格。公職。家產數千萬。凡官印相生之命格皆有可能是主管、公職人員。

此造丑運投資虧損。因未得運助，故非主管而任公職很合理。

乾造命：

八字──

庚辰

己丑

庚午

戊寅

5 庚寅
15 辛卯
25 壬辰
35 癸巳
45 甲午
55 乙未
65 丙申

此造：

庚金日元，於大寒後二日生，己土司令。支見辰丑午破，午寅合。元神旺以財官為用。

台大醫科畢業，在美國開診所。妻台大外文系畢業。

此造金旺以火鍛之，而成醫師很合理。因金主刀器亦主群眾。

乾造命：

八字——

乙酉	乙酉	壬午	壬寅

2	12	22	32	42	52	62
甲申	癸未	壬午	辛巳	庚辰	己卯	戊寅

此造：

壬水日元，於白露後二日生。庚金司令。支見酉刑酉，午破酉，午寅合。

以酉中辛金去乙木為格，以時支寅中甲木洩壬水生會出丙火為用。

此造辛運不得意，因辛金尅乙木，元神旺自不喜再走金位。此造從事教育工作，妻亦在教書。以木生火從事教職很合理。

乾造命：

八字——

己丑	庚午	己巳	戊辰

1	11	21	31	41	51	61
己巳	戊辰	丁卯	丙寅	乙丑	甲子	癸亥

此造：

己土日元，於芒種後一日生，丙火司令。此造為稼穡格。

稼穡格喜月上庚金透洩。故出生富家。其父係某一大貨運老闆，得父蔭，開貿易公司。

以土生金，以五行表象而論，能成企業家或商人。此造從事貿易很合理。

乾造命：

八字——

甲申　辛未　甲申　戊辰

7壬申　17癸酉　27甲戌　37乙亥　47丙子　57丁丑　67戊寅

此造：

甲木日元，於小暑後十二日生，乙木司令。財殺兩旺，因日時支見申辰會出壬水，故不可以從格論。

32歲前經營鞋廠，35歲以後轉做魚業生意。甲戌運前不佳，乙亥運後漸發。

水在五行主生命財產及與水資源有關行業，故此造命主從事魚業生意很合理。

乾造命：

八字——

甲子
丁卯
癸巳
乙卯

7 戊辰
17 己巳
27 庚午
37 辛未
47 壬申
57 癸酉
67 甲戌

此造：

癸水日元，於驚蟄後九日生，甲木司令。木火洩氣太過，年支見子水，以假從格論之。

可惜大運一路金水，與命相背，行庚午、辛未名揚一時，申運大敗從事建築業，於庚申年跳票，又於癸酉運大敗。從格運反向，從事何業皆不利。

乾造命：

八字──

丁卯
壬寅
庚午
庚辰

1 辛丑
11 庚子
21 己亥
31 戊戌
41 丁酉
51 丙申
61 乙未

此造：

庚金日元，於立春日生，戊土司令。支見寅卯辰財局，月支與日支寅午合火局，喜時干庚金透出幫身，更喜庚金坐辰土，生扶日元。

戌運乏善可陳，戌運後自設電氣工廠，專門製造磁性材料外銷，為白手成家之典範。此造以土生金，故成一成功之企業家。

十、殘　疾

殘疾之造與病徵之造雷同，但殘疾之造應與病徵又似有些不同。

筆者亦正在努力搜集中，日後若有更多案例，可資佐證，也盼同好能提供。

如今所發現數造先天殘疾之造都有殺重身輕，或身弱無印者，較易成為先天殘疾之命造，而身旺財反輕，又逢沖尅者也容易先天成殘，或財重印星有傷者也易造成先天殘疾。

乾造命：

八字——

甲子
壬申
丙申
庚子

3 癸酉
13 甲戌
23 乙亥
33 丙子
43 丁丑
53 戊寅
63 己卯

此造：

丙火日元，於處暑後六日生，庚金司令。支見申子合水，身弱財殺兩旺，取年上甲木為用。

可惜水多木漂，看似佳美，實則用神無力，故命主天生殘疾，得小兒麻痺之疾。

乾造命：

八字——

戊戌
己未
壬子
癸卯

3 庚申
13 辛酉
23 壬戌
33 癸亥
43 甲子
53 乙丑
63 丙寅

此造：

壬水日元，於大暑後十一日生，己土司令。支見戌未刑、未子穿，子卯刑，元神弱而官殺旺，取戌中辛金為用。然戌與未刑傷，故命主幼年患小兒痲痺，腳部成殘。

查其大運皆走旺地，故只殘而不夭。

乾造命：

八字—

年	月	日	時
辛	庚	癸	癸
卯	子	巳	亥

2	12	22	32	42	52	62
己	戊	丁	丙	乙	甲	癸
亥	戌	酉	申	未	午	巳

此造：

癸水日元，於大雪後十一日生，癸水司令。命格金水陰寒，唯取日支巳中丙火為用神，以卯中乙木洩癸水為格神。

可惜巳逢子水破，又逢亥水沖，弱火怎敵旺水沖激，故此造命主幼年患小兒痲痺症，以致先天殘疾。

乾造命：

八字——

丁未
癸丑
癸巳
戊午

7	17	27	37	47	57	67
壬子	癸丑	甲寅	乙卯	丙辰	丁巳	戊午

此造：

癸水日元，於大寒後三日生，己土司令。支全巳午未而且年月支見丑未刑。

癸逢冬生，不為無力，但全局火旺，而丑中辛金逢未土沖破，財旺身輕印星無力。

故此造命主，腳部殘障、行動不便不得父母庇蔭。

乾造命：

八字——

庚辰　乙酉　乙卯　戊寅

11丙戌　21丁亥　31戊子　41己丑　51庚寅　61辛卯　71壬辰

此造：

乙木日元，於白露後一日生，庚金司令。地支雖見寅卯辰全木局，但年月柱庚辰與乙酉合化為金，土氣生金，財殺兩旺，局中無水化殺，形成金木交戰之勢，而月日支形成卯酉沖，金勝木敗，殺旺無制化，故命主為一殘障之人。

乾造命：

八字——

丁未　戊申　辛酉　戊戌

6	16	26	36	46	56	66
丁未	丙午	乙巳	甲辰	癸卯	壬寅	辛丑

此造：

辛酉日元，於處暑後一日生，庚金司令。地支全申酉戌金局，唯藉年上丁火為用，因丁火通根於未戌故不可論從。

此造身旺無依，自小患小兒麻痺。

凡身旺財輕或身旺印傷者，易得先天殘疾。

乾造命：

八字——

壬	辰
庚	戌
丙	申
己	亥

8	辛	亥
18	壬	子
28	癸	丑
38	甲	寅
48	乙	卯
58	丙	辰
68	丁	巳

此造：

丙火日元，於寒露後九日生，辛金司令。支見辰戌沖，戌申拱酉，申亥穿，財旺身弱，因丙火紮根於戌庫而不可論從。

以正格論之，但戌逢辰沖，火苗傷，再以亥中甲木洩庚生丙，但亥逢申穿破，甲木亦傷，喜用皆去故命主自小成殘。

乾造命：

八字——

年	月	日	時
壬寅	壬子	戊申	辛酉

1	11	21	31	41	51	61
癸丑	甲寅	乙卯	丙辰	丁巳	戊午	己未

此造：

戊土日元，於小寒前一日生，癸水司令。支見申子合，申寅沖，全局金水氣寒，以年支寅中丙戊為用。

可惜寅逢申沖，丙戊皆傷，而戊土有根而不能論從格，必以正格論之。用神有損，故命主自小患小兒麻痺成殘。

乾造命：

八字——

庚子　戊子　丁丑　庚戌

8 己丑　18 庚寅　28 辛卯　38 壬辰　48 癸巳　58 甲午　68 乙未

此造：

丁火日元，於大雪後七日生，壬水司令。全局盜剋洩齊來，日元弱極，因丁火通氣於時支戌土，故不可以從格論。

可惜戌逢丑刑，火苗受傷，局中又不見明印，故此造命主出身不佳，自小患小兒痲痺之先天殘疾。

乾造命：

八字——

甲辰
辛未
癸未
丙辰

3	13	23	33	43	53	63
壬申	癸酉	甲戌	乙亥	丙子	丁丑	戊寅

此造：

癸水日元，於大暑後十日生，己土司令。全局官殺旺，以年干甲木制官殺，但月透辛尅，若用辛金偏印生扶日元，則時上透出丙火尅辛金，故此造用神辛金無力，自小患小兒麻痺症。

坤造命：

八字——

丙申
甲午
戊午
己未

5 癸巳
15 壬辰
25 辛卯
35 庚寅
45 己丑
55 戊子
65 丁亥

此造：

戊土日元，於芒種後十四日生，丁火司令。支見午未合，全局火土燥熱，以年支申中庚壬為用，可惜燥土不能生金外，又逢丙火蓋頭尅下，故命主為一先天殘疾之人，自小患小兒麻痺症。

乾造命

八字—

辛丑　甲午　辛未　甲子

1 癸巳　11 壬辰　21 辛卯　31 庚寅　41 己丑　51 戊子　61 丁亥

此造：

辛金日元，於芒種後一日生，己土司令。支見丑午破，午未合，財殺兩旺，七殺攻身，日支未土偏印被午火合走，年支丑土與午火破，用神有傷，與上造同病相憐，結成連理。

乾造命：

八字——

庚申　乙酉　丙申　癸巳

7 丙戌　17 丁亥　27 戊子　37 己丑　47 庚寅　57 辛卯　67 壬辰

此造：

丙火日元，於秋分前三日生，庚金司令。支見申巳刑，丙火之根被刑傷，又不能從，而且月干乙木用神又被合化——此造用神皆傷，用神無力，故自小出生殘。

乾造命：

八字——

甲午　戊辰　丙辰　壬辰

3	13	23	33	43	53	63
己巳	庚午	辛未	壬申	癸酉	甲戌	乙亥

此造：

火日元，於立夏前六日生，戊土司令。地支三辰自刑，辰午相穿害。時上七殺高透，以年上甲木為用，可惜甲木坐下午火，用神無力，故命主出生便得小兒痲痺。

乾造命：

八字──

丙申		3 辛丑
庚子		13 壬寅
辛未		23 癸卯
甲午		33 甲辰
		43 乙巳
		53 丙午
		63 丁未

此造：

辛金日元，於冬至後八日生，癸水司令。支見申子合，未子穿，未午合，日元看似強實為弱，因年上丙火尅破月干庚金，年支申金隨子而化，未土又與午火合，故全局日元由強轉弱，以日支未土偏印為用，但用神不真，故命主從小便得小兒麻痺成殘。

乾造命：

八字——

己亥
乙卯
甲戌
戊辰

6 甲寅
16 癸丑
26 壬子
36 辛亥
46 庚戌
56 己酉
66 戊申

此造：

甲木日元，於春分後二日生，乙木司令。支見亥卯合，卯辰穿、辰見戌刑，元神旺而財弱，局中不見食傷轉化，財星受剋太過，是以命主於3歲辛丑流年因辛金洩土氣，而且辰見丑破，故於該年得小兒痲痺之症而成殘。

乾造命：

八字——

丙申
癸亥
甲辰
庚午

2 甲子
12 乙丑
22 丙寅
32 丁卯
42 戊辰
52 己巳
62 庚午

此造：

甲木日元，於大雪前四日生，壬水司令。金水陰寒，寒木喜向陽，喜年干丙火透出。

可惜逢壬水司令，壬水尅丙火，丙火用神無處可逃，故命主於二歲丁酉流年因丁逢癸水破，故於該年得小兒麻痺之症而成殘。

乾造命：

八字——

戊申　丁巳　乙巳　壬午

1	11	21	31	41	52	61
戊午	己未	庚甲	辛酉	壬戌	癸亥	甲子

此造：

乙木日元，於芒種前一日生，丙火司令。支見申巳刑，乙木日元逢夏生必枯，唯藉時上壬水為用。

可惜水坐火上，而且年支申金又逢巳刑，喜用無力，故命主為一先天殘疾之人。

十一、凶禍

人生最難預料的就是無常，因是無常，所以也就很難事先掌握，但往往凶禍的發生其實從命理的角度，或許也能略窺一二，而凶禍的命格與病徵或殘疾的命理很類似，但凶禍的命格所發生的情況皆有可能應驗在運歲之時。而病徵或殘疾則在命局中就已顯現。

乾造命：

八字——

乙巳　戊子　甲辰　壬申

4	14	24	34	44	54	64
丁	丙	乙	甲	癸	壬	辛
亥	戌	酉	申	未	午	巳

此造：

甲木日元，於大雪後九日生，壬水司令。支全申子辰水局，取年支巳中丙火為用。可惜巳逢旺水沖破，於行申運時溺斃。

乾造命：

八字——

庚辰
丁亥
丙辰
己亥

10戊子
20己丑
30庚寅
40辛卯
50壬辰
60癸巳
70甲午

此造：

丙火甲木，於立冬後二日生，甲木司令。身弱本可以甲木偏印為用。

可惜年干庚金尅破，本當再取月干丁火尅金，但丁火卻被時干己土洩去，是以命主於行辛卯運時，流年辛酉，卯酉沖破，用神受傷，竟因意外而被毆致死。

乾造命：

八字——

壬辰
壬子
丙申
癸巳

7	17	27	37	47	57	67
癸丑	甲寅	乙卯	丙辰	丁巳	戊午	己未

此造：

丙火日元，於大雪後九日生，壬水司令。支全申子辰水局，時支巳中丙火雖為日主托根。

但巳逢旺水沖破，火根受傷，局中又無明印，欲從而又不能，故命主於行卯運之壬戌流年形成運歲卯戌合乙木用神被合入墓，凡身弱而行扶身之運必有禍，故命主於當年在旅社中因注射毒品而暴斃。

乾造命：

八字——

年	月	日	時
丁	丁	丁	辛
卯	未	卯	丑

3	13	23	33	43	53	63
戊	己	庚	辛	壬	癸	甲
申	酉	戌	亥	子	丑	寅

此造：

丁火日元，於大暑後八日生，己土司令。支見卯未合，丑未沖，日元旺而財輕，時干辛金被旺丁所尅，故命主於癸丑運流年己未形成歲運沖尅之態勢，而且歲運又沖提綱，故於該年命主被拖車輾死。

乾造命：

八字——

己丑
辛未
庚申
丙子

8 庚午
18 己巳
28 戊辰
38 丁卯
48 丙寅
58 乙丑
68 甲子

此造：

庚金日元，於大暑後六日生，己土司令。支見丑未沖，申子合，元神不弱，自喜時上丙火高透，可惜丙火無木相助，其勢力薄，故命主於大運戊辰流年辛酉，因運支與命局成申子辰水局而流年辛酉，辛丙尅合。故命主於該年坐飛機失事而喪生。

乾造命：

八字——

辛未
癸巳
庚午
甲申

4 壬辰
14 辛卯
24 庚寅
34 己丑
44 戊子
54 丁亥
64 丙戌

此造：

庚金日元，於立夏後九日生，庚金司令。支全巳午未火局，而年支未土正印隨合化火局而去，故運喜土金。於大運戊子流年丁巳，於執行勤務遇害喪生。

因戊子運之戊土遇甲木而尅破，丁巳流年與命局重疊火局，故有凶災。

乾造命：

八字——

丁酉
辛亥
癸巳
癸丑

4 庚戌
14 己酉
24 戊申
34 丁未
44 丙午
54 乙巳
64 甲辰

此造：

癸水日元，於立冬後九日生，甲木司令。支全巳酉丑金局，以月支亥中甲木為用，可惜亥與巳沖，喜用皆傷，而年干丁火也被癸水傷之。

故命主於五專畢業後入伍當兵，因火藥爆炸而大運酉運尾，流年己未沖時柱而身亡。

乾造命：

八字——

戊	戊	乙	庚
申	午	亥	辰

1	11	21	31	41	51	61
己	庚	辛	壬	癸	甲	乙
未	申	酉	戌	亥	子	丑

此造：

乙木日元，於夏至後十三日生，丁火司令，全局火土金、盜尅洩日元之氣，以日支亥水為用，但支見午亥相害，申亥相穿，故命主於己未大運之丁巳流年落水而亡。

此因運歲及命局形成巳午未火局之故。

坤造命：

八字——

己卯	己卯	丁卯	甲辰

3	13	23	33	43	53	63
庚辰	辛巳	壬午	癸未	甲申	乙酉	丙戌

此造：

丁火日元，於春分後十日生，乙木司令。全局木多火塞，雖年月透己土，但土遭旺木破之，局中不見明財損印，氣勢阻礙不通，故命主於行未運及甲運交脫之際，流年辛酉沖尅日柱，因丈夫好賭，一氣之下而自縊身亡。

此乃因用神金受沖尅之故。

乾造命：

八字——

己丑　壬申　丙子　乙未

3	13	23	33	43	53	63
辛未	庚午	己巳	戊辰	丁卯	丙寅	乙丑

此造：

丙火日元，於立秋後六日生，壬水司令。支見申子合，未子穿，身弱取時干乙木正印為用，行戊辰運時，支全申子辰，流年丙寅與月柱沖尅，丙火受傷，故於當年在工作中跌亡。

乾造命：

八字——

乙	己	辛	丁
巳	卯	酉	酉

1	11	21	31	41	51	61
戊	丁	丙	乙	甲	癸	壬
寅	丑	子	亥	戌	酉	申

此造：

辛金日元，於驚蟄後二日生，甲木司令。日元坐祿而且時亦歸祿，元神不弱，因月支卯木逢沖，年干乙木拔矣，又年支巳火洩乙木生月干己土故元神不弱而財星無力，此造必以水洩金生木為用神。

命主以行丙運流年戊辰，發生車禍而亡。

乾造命：

八字——

癸巳　甲寅　己丑　己巳

2	12	22	32	42	52	62
癸丑	壬子	辛亥	庚戌	己酉	戊申	丁未

此造：

己土日元，於立春後三日生，戊土司令。支見寅巳刑，巳丑合，全局尅盜洩太過，取年支巳中丙火為用，但巳逢寅刑用神受傷，故命主於行亥運時沖用神，用神巳火受傷，流年壬戌，戌與日支丑刑，喜用皆傷，故於該年因車禍而喪生。

乾造命：

八字——

庚午
庚辰
丙午
戊子

4 辛巳
14 壬午
24 癸未
34 甲申
44 乙酉
54 丙戌
64 丁亥

此造：

丙火日元，於穀雨後五日生，戊土司令。支見辰午相害，子午沖，身輕而財旺，必取印為用，可惜乙木藏支，於酉運壬戌流年死於車禍。酉運與命局子午酉破，流年沖提綱故凶。

乾造命：

八字——

己丑　辛未　甲子　辛未

9 庚午　19 己巳　29 戊辰　39 丁卯　49 丙寅　59 乙丑　69 甲子

此造：

甲木日元，於大暑後十日生，己土司令。支見丑未沖，未穿子，全局身輕財官旺，取日支子水為用。

可惜子逢未穿用神傷，故命主於辰運中因車禍喪生。

十二、壽者八字

何知其人壽，性定元氣厚。

元氣厚者，體用通根，得時得局，干支順遂，有喜無忌也。若見忌神，即使無根，亦有不寧之象，必有缺陷。如春木忌金，原局無火，為有病無藥，元氣雖厚而性不定，貧賤而壽之徵也。

五行週流無滯，源遠流長之格，運遇忌神原局咸得引化，生機不遭阻礙，固為長壽之徵，而成格無破，體用祿旺，運遇忌而得化者，亦為長壽之象，配合有情，而得情之至，為富貴而長壽，配合有缺，未得情之至，為貧賤而長壽。

乾造命：

八字——

己卯　戊辰　甲子　壬申

丁卯　丙寅　乙丑　甲子　癸亥　壬戌　辛酉

此造：

甲木日元，生於辰月，支全申子辰水局，則成水多木漂之局，幸年月戊己土出而築堤，為財官印三物齊之壽徵。

此造為黨國大老于右任的命造，余老壽至八旬開外。故壽者印必為喜用。

乾造命：

八字——

庚午　己丑　丁酉　甲辰

庚寅　辛卯　壬辰　癸巳　甲午　乙未　丙申

此造：

丁火日元，逢冬而生，支見午丑破，酉丑合，辰酉合，元神丁火得氣於年支午火，更喜時上甲木高透而坐辰土，用神正印有情生扶日元，故命主享五世同堂之高壽。

乾造命：

八字——

辛丑　癸巳　己丑　庚午

2壬辰　12辛卯　22庚寅　32己丑　42戊子　52丁亥　62丙戌

此造：

己土日元，於立夏後五日生，戊土司令。支見巳丑合，午丑破，全局金水洩氣過重，幸時支坐午火，取午火為用。

凡印為用者必得長壽，故此造命主壽至八十。

乾造命：

八字——

庚子　丁亥　庚申　丁丑

戊子　己丑　庚寅　辛卯　壬辰　癸巳　甲午

此造：

庚金日元，甲木司令。支全亥子丑水局，月干及時干透出丁火暖身，尅洩重者取印為用。

此造命主貴為進士，壽至一百零四歲。時支丑土正印乃不可或缺之物。得此一寶，更勝千金。故得長壽。

乾造命：

八字——

己巳　丁卯　辛未　丙申

丙寅　乙丑　甲子　癸亥　壬戌　辛酉　庚申

此造：

辛金日元、逢春而生，月與日支卯未合木，月時干透丙丁，更紮強根於年支巳火而且年與日支巳未暗拱午火，財殺兩旺而身輕，幸年干己土高透，以時上丙尅申中庚金為格，再以年上己土洩丁火生扶日元為用。只此一物，更勝千金，是以此造命主享壽九十七歲。

乾造命：

八字——

辛丑

癸巳

壬子

庚子

10壬辰 20辛卯 30庚寅 40己丑 50戊子 60丁亥 70丙戌

此造：

壬水日元，於小滿後十二日生，丙火司令。支見巳丑合，子巳破，全局氣結金水，當以潤下格論之。

此造為張學良命造，因格局純粹，故大貴，而且壽至九旬之外。乃一難得之上選貴格及壽徵。

乾造命：

八字──

丙	申
丁	酉
戊	寅
辛	酉
庚	申

6	16	26	36	46	56	66	76	86
戊	己	庚	辛	壬	癸	甲	乙	丙
戌	亥	子	丑	寅	卯	辰	巳	午

此造：

戊土日元，於秋分日生，庚金司令。全局氣聚在金，喜其年月干透丙丁，更得日支寅木相助，日元有氣，由弱而轉中和。

大運又一路走東北水木之位，故得長壽至丙午大運之庚申流年方歿，享年八十六歲，此造為已故一級上將余漢謀將軍八字。

乾造命：

八字——

己亥　戊辰　己巳　辛未

8	18	28	38	48	58	68
丁卯	丙寅	乙丑	甲子	癸亥	壬戌	辛酉

此造：

己土日元，於穀雨後十一日生，戊土司令。全局氣聚火土，幸喜時干辛金高透而洩秀。

故此造命主壽至八十開外，身體依然硬朗。此造命主為香港影業鉅子邵逸夫命造。

乾造命：

八字——

丙午 辛丑 甲申 丙寅

2	12	22	32	42	52	62	72	82
壬寅	癸卯	甲辰	乙巳	丙午	丁未	戊申	己酉	庚戌

此造：

甲木日元，於大寒後十四日生，己土司令。日元通根氣於時支寅木，但寅逢申沖，甲木根拔，當以從格論之。

大運一路為用神喜用，故命主壽至八十七歲尚在。此造少年水木逆勢，很不順勞碌，待運轉南方，官場得意，青雲直上。

乾造命：

八字—

丁酉
壬子
丁酉
壬寅

5辛亥
15庚戌
25己酉
35戊申
45丁未
55丙午
65乙巳
75甲辰
85癸卯

此造：

丁火日元，逢冬月子水生，全局金水勢旺，年月壬丁合各自為留。以時支寅中甲木為用。

此造二十五歲入李鴻章幕府辦文案，至四十六歲走丁未大運被李鴻章任命授津海關道，七十歲授閩浙總督，旋調兩廣總督，七十一歲因故去職。民國十年八十五歲流年辛酉，因水火沖，金木戰而逝世。

坤造命：

八字——

己酉	丙子	庚申	庚辰

5	15	25	35	45	55	65	75
丁丑	戊寅	己卯	庚辰	辛巳	壬午	癸未	甲申

此造：

庚金日元，於冬至後四日生，癸水司令。支全申子辰水局，月透丙火調候，身弱食傷重，取印為用，年上己土乃不可或缺之物。大運喜走東南木火之鄉。喜其大運不背，雖早年辛苦，但得長壽，壽至七十九而病逝。

此造以印為用故長壽。

乾造命：

八字——

己	丙	己	己
亥	寅	巳	巳

9	19	29	39	49	59	69	79
乙	甲	癸	壬	辛	庚	己	戊
丑	子	亥	戌	酉	申	未	午

此造：

己土日元，於雨水後十一日生，甲木司令，支見寅亥合，寅巳刑，此造為假稼穡格。格即已成，運喜走西方金以洩其精華。

此造命主為黨國元老黃季陸命造，先生曾擔任過特任部長，壽至八十開外。此造元神飽滿故長壽宜也。

後記——星海釣叟與清雲禪師的奇遇

「人生如寄旅」如同過客一般，時間是非常短促，所以能保握人生的「人」，才是真正的人。後學從事命理的研究已經三十年，說來這也是一件很巧妙的因緣，甚至有可能冥冥中早已安排，所以就結下了「星海釣叟」與清雲禪師的一段奇遇過程。

後學所經歷的人生說來就如同電影般的情節，記得後學在小時候，每天都盤腿而坐，思考人生的問題，然而想「開悟」並不是一件簡單的事情，必需有適當的因緣聚會才有可能，人生說長不長，但說短不短，有人一生多采多姿，有人平淡無奇，但不管如何，所經歷過的「過程」才是重點，有人戰戰兢兢，有人卻渾渾噩噩，有人如履薄冰，有人不當一回事，但「生死大事」豈可兒戲。

「天恩加被」對人而言是多麼令人期待及夢寐以求的而難以想像的一件事，但後學這一生真可用「天恩加被」來形容。記得在年紀還很小的時候，跟著堂哥與他的同學一起到村裡的學校去打小鳥，當然後學只是跟著去而已，在晚上大約八九點的時候，堂哥及他的同學手裡拿著手電筒，燈光正往樹上照的時候，突然升旗台的旁邊，站著一個身穿黑衣黑褲，頭帶著中山帽的老人家，出現在後學眼前。那時後學心想，這麼晚了，校工怎麼會來這裡，就算是校工來了也會跟我們打招呼，可是他怎麼只是靜靜的站在那邊，後學正想跟堂哥說的時候，這老人家不見了，然而後學在那麼小的年紀，根本不知道什麼是鬼魂或靈魂的東西。

回家之後才細思難道後學見鬼了，上天是慈悲的，後學雖然看見了這東西，心裡並不害怕，反而讓後學更在日後對靈魂及人的前生今世有了不同的看法及想像空間，這是後學的第一次對「人」及「鬼」的接觸。

在民國六十五年因腹膜炎而第三次入院開刀，所經歷及發生的第二次對靈魂體會，佛說：「人人都有佛性，人人都可成佛。」後學深信這是真的。靈魂不只他人有，我也有，你也有，人人都有。因為後學在第三次入院開刀時，身體極其虛弱，六十二年第一次因盲腸炎開刀，第二次是第一次盲腸炎的開刀沒有處理好而引發腹膜炎開刀，第三次則在六十五年因腹膜炎發作而開第三次刀，但在開第三次時，因身體的元氣大損，致使靈魂脫竅而離體。

那時除了身體的虛弱以外，靈魂脫竅離體也有些是心理因素，因為後學在想，做人為什麼那麼苦，為什麼我會一直活在病苦裡，我不想再這樣繼續下去，我不要了，所以靈魂很自然就離體了，那時候母親非常驚訝；也非常緊張，看到後學兩眼瞳孔放大，就很快的請醫生及護士前來，除了醫生吩咐護士趕快打強心劑，母親也用力打著我的大腿及臉部。

但那時候，後學心裡想著你們不要再救我了，我實在太累了，我不想再活了，但那時候後學另一個念頭正想著，我的父母因我的病，為了救我幾至花光財產，如果我現在就這樣走了，他們豈不是太可憐了。不行，我不能就這樣走了，我還有很多事情要做，就這樣的念頭「我」終於又回來了。這是後學第二次與靈魂接觸。也因為這樣也才有第三次與靈魂接觸的因緣。

民國六十八年，農曆的十一月十四日，後學在引保師的引進，終於有機會進入天道即俗稱的「一貫道」一窺「天道」的堂奧。之所以引保師願慈悲引進後學是因為後學平時到引保師家裡，都會跟他們講一些有關佛的故事，而令引保師好奇，為什麼我會跟他們講這些事，事實上後學在未加入天道之前，就確信人有靈魂，有天堂，有地獄，有生死輪迴，有因果報應，所以後學在很早就開始學習素食，下定決心，如真有天堂，這輩子一定要去天堂，而不要下地獄，因為做人已經這麼苦了，想必去地獄會更苦，就因為這樣的因緣而進入了「一貫道」。

說來奇怪，自然中後學對命理也產生了興趣，開始著手對命理的研究，經過數年的歲月，在一次睡夢中，姜太公出現在後學的睡夢中，告訴後學從今後賜你一個別號「星海釣叟」，也因為這樣「星海釣叟」這個別名就延用至今。這也就是後學為什麼會有「星海釣叟」這個別名的由來。

那後學又如何有第三次與靈魂接觸的機緣呢？

在後學參加天道後，就很努力的學習有關天道的禮儀，以及參與跟天道有關的課程，當然，在所謂的「修」「行」過程中，就努力盡可能的全素，但人已經習慣過凡人的生活，突然要做一個較大的轉變，實在不是那麼容易，因為人總是或多或少都帶有一些業障來到人世間，所以在這當中，後學曾有一年多時間，不敢回家面對父母，因為瞭解「素食」對父母來說，不是一件能夠輕易就接受的事情，所以內心也是兩難，但既已下定決心要修行，當然不管再怎麼困難也要執行到底，因為人生是苦海，若不早日跳脫，此身將永難上岸。

而上天也非常悲憫弟子，在一次睡夢中，就看見一位和尚，從空而降，顯現如一般神像的約一二尺高度，坐在後學的心窩之處，後學醒來之後只覺得精神非常舒服，但這位和尚並沒有任何指示或開示。約莫過了幾天之後，同樣的情境又再度在睡夢中出現，但這次的出現，其身高卻有如常人一般，一樣是從空而降，一樣是坐在後學的心窩之處，一樣的沒有任何語言上的開示，或行為上的指示，醒來後一樣精神舒爽。約莫又過了數天，同樣的夢境又再一次的顯現，但這一次這位和尚，所顯現的身高卻有丈六金身，依然從空而降，一樣坐在後學的心窩之處，醒來後依然那般的清涼自在。

如此經過三次，愚痴如我的後學，竟未能領悟其中的密意，而辜負了上天的慈意，竟要仙佛如此三番兩次的費盡苦心做慈悲的引導。直到有一天的早上，正在工作中，這位出家人竟又從空而降的出現在後學面前，但旁人皆無所覺，更讓後學不可思議的是，這次這位出家人竟開口說話，和尚開口言：「吾乃清雲禪師」然後口出金言云：

「我來我去我自在
東奔西走也逍遙
夜來山枕雲為被
日來大地為我身」

為何後學說，出家人口出金言呢？因為出家人每說出一個字，就會從口中跑出一個金色的字，所以後學才會說，出家人口出金言。

然而也許後學真是太愚痴了，所以上天怕弟子未能明白真正的慈意，才會一而再，再而三的苦口婆心，費盡心力引導，希望弟子能真正明白這其中的旨意。說完了一段偈語，出家人又再度顯化出一個景象來，這景象很漂亮，而其中的景象就是這位出家人，帶領一位徒弟，雲遊四方來到這景象中，然後徒弟就開口對師父說：「師父，這天氣這麼熱，已走了這麼久，又熱又累，是不是可以休息一下，讓弟子至溪中洗把臉，洗洗手腳，讓身子涼快涼快。」

這位師父便對弟子言：「好吧！你去洗洗，為師先到樹下坐坐。」當師父到樹下盤腿而坐時，這位徒弟便至溪中梳洗，當弟子洗呀洗的，師父便問徒弟曰：「你在溪中看見了什麼？」徒弟便一五一十的把溪中所能看見的都說了一遍，但師父卻連問了三次：你看見了什麼。而徒弟也已盡可能把看得見的詳詳細細的說了三遍，但是師父還是不滿意，最後師父說：「難道你沒看見自己嗎？」這時候，這位和尚又從口中跑出金言來，出家人曰：

「清澈見底本自性，
虛空定靜妙如如，
物來景現在其中，
相去形消現如來。」

從此之後，禪師就再也沒有出現過。

後來，後學才慢慢的體會到，原來禪師三次出在後學睡夢中，以小中大三種不同的形相出現，就是一再開示後學修行的過程，要先從小善小乘修起，按部就班才能進入中善中乘，乃至於進入到大善大乘的境界以及果位中。就是在引渡人的時候，也如此這般，才能使人心生喜悅，而不致心生害怕而顛倒錯亂，禪師每次出現在夢中，都是從空而降，然後坐在後學心窩之處，就是在告訴後學「佛在心中坐」

及人人心中都有佛的不可言喻的甚深妙理。

而「從空而降」即在暗示「空不可著」及來自於空，最後也應歸自於空的道理。其中顯示天氣熱，即暗示三界如火宅，而大中小三身，亦暗指人有著與佛相同的三身：色身、法身、化身。人也應該努力修行達到此一境界才是。最後，親自現身口開金言，親自說法，這口開金言，是何等尊貴。

古人言：「貴人開金口。」貴人所說的話很寶貴，所以稱為開金口。若我們也能常開金口，而少開凡口，則人與人之間，相處不只能更和諧，而且也能使人人能心領神會佛旨而脫塵了劫，出生離死，跳脫苦海而上岸得渡；以凡身修聖法，以凡心而成就聖胎，這是何等尊榮啊！所以後學有感而發，寫了一句偈言：

「苦海沉浮六萬年
死死生生實可憐
貧富貴賤都受過
唯未把佛演一演」

人生是苦，不只是苦，還非常苦，生死輪迴已不知有多少歲月，不論是貧富貴賤，不管是什麼角色，都曾扮演過，唯獨就是沒有把佛菩薩的角色，好好的演一遍，如果人生就只是吃喝玩樂，那麼人生又有何意義呢？

很多人來算命都會問，命真的可以改嗎？答案絕對是肯定的。如果命不能改，則算命還有何意義，好命由它好，壞命由它壞，則算命不如不算，因為不算，不知道反而好，知道了心情反而受影響。就是因為命可以改，所以才需算命，算了命才知道自己是不是一個有福報的人，不應滿於現狀，而更應積極的努力，精進，做更多，更能生出福報的善行來。如此才是算命的真義，而不是聽到好的就高興喜悅，聽到不好的就悲觀消沉，這豈是身為萬物之靈長的人，所該有的態度。

後學星海釣叟——蔡秉宏，僅以此篇後記，與大家共參共勉；希望後會有期。

歲次庚寅，書於台北初夏。

總結

感謝大展出版社能再一次給後學這個機會，能讓這一次的新書有機會跟大家見面。也希望以後還可有新書出版。

謹此數語，但表達無限的誠意。

星海釣叟——蔡秉宏　書於台北寓所

電話：0912260396

(02)29931676

星海釣叟命理叢書系列

㈠不可思議姓名靈動

㈡八字婚姻點鑰

㈢八字命理探真

服務項目：

八字批命

嬰兒命名

男女合婚

擇時剖腹

服務處：台北新莊、台北中和烘爐地命理開運館

地址：中和興南路二段399巷35之2號

電話：(02)29931676 手機：0912-260396

大展好書　好書大展
品嘗好書　冠群可期